記憶力日本チャンピオンの

超効率

すごい記憶術

青木 健

Takeru Aoki

SOGO HOREI PUBLISHING CO., LTD

はじめに

記憶術は楽しい

「私は記憶力日本チャンピオンです！」

そのように自己紹介をすると、ほとんどの方から「見たもの全てを記憶しているんですか？」「天才ですか？　生まれつき頭が良い人は羨《うらや》ましいです」などという反応が返ってきます。

しかし、私は見たものを全て記憶しているわけでもなく、もともと特別に頭が良いわけでもありません。子どもの頃はごく普通のサッカー少年でしたし、大学受験では浪人をしたにも関わらず志望していた国立大学には入学できませんでした。

そんな私が記憶術と出会ったのは、大学2年生の春でした。アルバイトから帰った深夜にふと普段見ないテレビをつけると「世界記憶力選手権」という記憶力を競う競技（メモリースポーツ）番組がやっていたのです。テレビには様々な国の人々がトランプや数字の順番などを一生懸命覚えている、異様な光景が映し出されていました。その大会で優勝したイギリス人のベン・プリッドモア選手は、1パック52枚のトランプを30秒足らずで記憶していました。

当時、記憶術の「き」の字も知らなかった私は強い衝撃を受けると同時に、不思議と何年後かの近い将来、画面に写っている人達と一緒に自分が戦っている様子を想像していました。翌日から早速トランプを買ってきて、記憶の練習を始めました。しかし、私が記憶術と出会った時はトランプを覚える方法などはまだはっきりと確立されておらず、インターネットなどでも正確な情報がほとんどありませんでした。

そんな中で試行錯誤と膨大な努力により、大学3年生の時には日本選手権大会で準優勝、翌年には優勝することができ、記憶力の日本チャンピオンになりました。その後は競技だけではなく、メモリースポーツで培《つちか》った技術を使って英語と韓国語を身につけ、通訳や翻訳の仕事もできるようになりました。今ではメモリースポーツの競技者として競技を楽しみながら、日本メモリースポーツ協会の会長として大会開催などの普及活動や都内でBrain Sports Academy（ＢＳＡ）というスクールを開業し、子どもから大人まで記憶術の指導を行っています。

記憶術は日常生活でも役立つ場面は多くあり、前職の営業の仕事では人の顔と名前を簡単に覚えられ、営業先で久々に会った方を名前で呼ぶことができ、相手からはとても喜んでいただきました。そのことがきっかけで親しくなり、大きなビジネスにつながったこともあります。

記憶術を身につけることで自分にも自信がつき、様々な場面でメリットを感じています。また記憶だけでなく、それ以外の部分にも良い影響をもたらしていると実感しています。本書をきっかけに読者の皆さんにも良い効果を感じていただきたいと思います。

本書の特徴

本書はメモリースポーツの大会で優勝するための高度な技術を解説するのではなく、記憶術の「き」の字も知らない方から暗記科目に苦しんでいる学生、最近記憶力が落ちてきたと感じている方など幅広い方々に、実践できるような記憶術の基礎から実際の日常生活や学習などに生かすことのできる高いレベルの内容までを、わかりやすく簡潔に紹介します。

本書の構成は、基礎的な記憶術に始まり、後半はそれらを組み合わせた応用的な記憶術になっています。また各章内では前半で例題をもとに記憶術の基礎を理解していただいた上で、様々なレベルの練習問題を通して記憶術を身につけられるような内容になっています。例題で内容をしっかり理解し実践することで、その効果を実感していただけると思います。

第1章から第7章までは、軽い脳の準備運動に始まり、基礎的な様々な記憶術の紹介と例題と練習問題。第8章以降は、第1～7章で紹介した記憶法を組み合わせて日常生活や学習の中での生かし方を紹介しています。また、練習問題を通して身につけていただくことを目的としています。

記憶術というと難しく感じてしまう方がいらっしゃると思いますが、ひとつずつ着実に理解し、実践していただければ誰でも身につけることができます。ともに頑張っていきましょう！

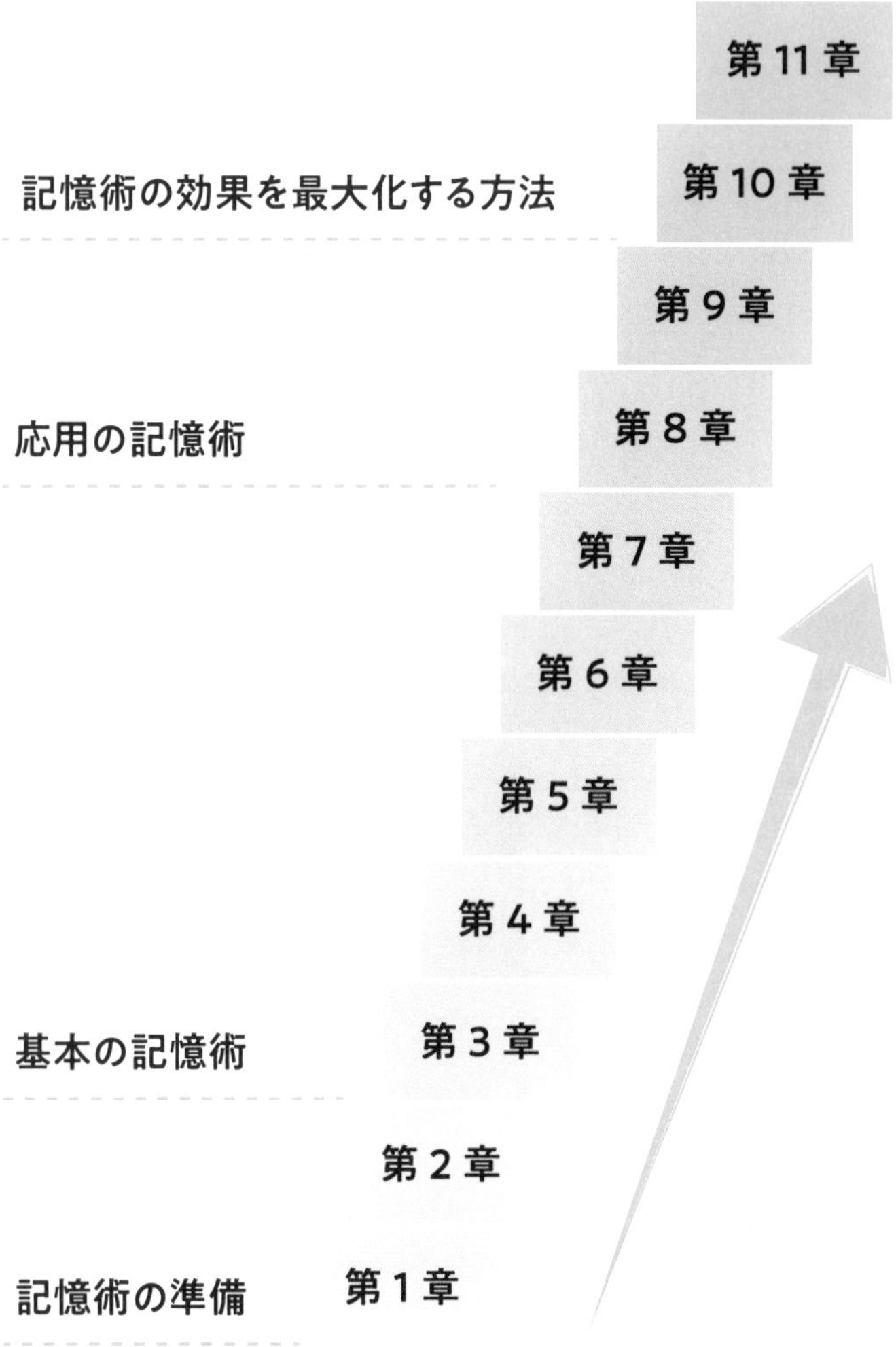
第 11 章
記憶術の効果を最大化する方法
第 10 章
第 9 章
応用の記憶術
第 8 章
第 7 章
第 6 章
第 5 章
第 4 章
基本の記憶術
第 3 章
第 2 章
記憶術の準備
第 1 章

記憶力が上がるとたくさんのメリットがある

記憶力を高める必要があるのでしょうか？

現代はテクノロジー技術が発達し、昔のように友人や実家の電話番号を覚える必要はありませんし、スマートフォンを使えば数百人の電話番号がわかり、どこかへ行くにも地図で道を調べなくても、地図アプリを使えば経路だって辿《たど》れてしまいます。

確かに私も自分の携帯電話番号以外はわざわざ覚えていませんし、車を運転する時にはナビゲーション機能を使います。しかし記憶力を高めておくと、取引先の方の顔と名前を覚えることや、ふと入ったカフェのWi-Fiパスワードを覚えることなど日々の生活のちょっとした部分で役立ちます。

また試験勉強などで短時間で大量に記憶できるようになり、しかも毎回余裕を持って合格できたり、高得点を取ることができたりと、かなり得をしています。記憶力が上がるとたくさんのメリットがあることは間違いありません。

記憶力には様々な種類があります。例えば、無意識に日常の何気ないことを覚える力や意識的に大量のものを正確に早く記憶する力です。記憶術で大きく伸ばすことができる力は後者です。

マジックナンバー7という言葉を聞いたことがある方は多いと思います。人は7桁《けた》くらいの数字までしか覚えることができないという有名な説です。私も記憶術と出会う前までは7桁程度しか数字を記憶することはできませんでした。しかし正しい方法を学び、トレーニングを行った今では、1分間で100桁ほどの数字を記憶することができるようになりました。100桁の数字と言われてもなかなかピンとこない方も多いと思いますので、次のページに記載しておきます。

いかがでしょうか？「見るだけで嫌になる！」「本当にこんなにたくさんの数字を覚えられるの？」と思った方もいらっしゃると思います。

100桁の数字

0	6	0	7	7	4	0	1	7	8
4	3	5	4	5	5	8	0	6	0
6	4	1	3	0	5	5	8	1	7
9	9	7	0	9	9	9	3	8	4
0	5	3	8	9	3	3	5	0	5
2	8	1	3	3	1	4	5	5	7
4	9	7	8	0	9	3	2	4	1
7	5	3	6	7	5	3	4	3	3
7	3	8	8	4	7	9	8	9	6
6	9	9	1	6	7	1	1	6	7

100桁の数字を記憶することができるようになるには、かなりのトレーニングが必要であることは間違いありませんが、誰もが正しい方法でトレーニングを行えば確実に今よりは記憶できるようになります（詳しい記憶方法は第5章で紹介します）。

これだけ大量の数字を覚えることが可能になるため、勉強などにも応用することができます。詳細は第9章の教科書記憶法でご紹介しますが、暗記要素の強い社会や理科などはもちろん、資格試験などにも大きく役立ちます。

覚えること自体が楽しくなる

暗記という言葉を聞くと「しんどい」「どうせ覚えられない」などネガティブなイメージを持っている方が非常に多くいます。私も中高生の時に英語の授業で終わり際に「次の授業の前に小テストを行うので、教科書の英単語を覚えてきてください」という宿題が出る度に、家に帰って嫌々苦しみながら記憶していました。そして小テストで思ったような点数が取れず、次の小テストの勉強をすることが嫌になり、覚えることが嫌いになるという負のスパイラルに陥っていました。

しかし、記憶力が高まると色々なものを覚えることができるようになるため、「今回はどうやって覚えてみようか？」「どのくらいの時間で覚えられるか挑戦してみたい」と自然に思うようになります。実際に私が経営するBSAに通っている中学生の男の子は「苦労していた歴史や英語の小テストで毎回満点が取れるようになりました。今度は歴史の教科書の内容を覚えてみます」と言ってすごく前向きな姿勢になりました。また小学生の女の子は「令和になったタイミングで過去の日本の元号を順番通り覚えられるか挑戦してみたら、3時間かかったけど漢字まで全部順番通り覚えることができて嬉しかった」と教えてくれました。

覚えることが楽しくなると、生かせる場面は学校の勉強や資格試験にとどまらず、記憶力を競うメモリースポーツにハマる人もたくさんいます。

メモリースポーツには、シャッフルしたトランプ52枚の順番を覚える「トランプ記憶」という種目があります。陸上の短距離走やレーシングゲームのタイムアタックのように、トランプを覚えるタイムを縮めることの面白さに魅了される人も多く、競技人口は2〜3年前と比べて10倍以上増加しています。競技人口も増えるにつれて、世界レベルから初心者まで幅広いレベルの方がプレイしていて、「次はあの選手を目標にしたい！」「ライバルはあの選手だ！」など競技者同士が切磋琢磨《せっさたくま》する雰囲気を楽しんでいます。

インプットする力が上がり、興味が広がる

記憶力が高まると、より多くのものをインプットできるようになります。言葉や知識を大量に暗記することが絶対的に正しいわけではありませんが、たくさんのものを覚えられるようになると、生活の身近なところに自分が知っているものと出会う確率が高まります。すでに知っていることもその内容を深めるチャンスになります。

ＢＳＡでは毎月、様々なテーマで記憶するトレーニングをしています。ある月に西洋絵画の記憶を行うと、小学生の女の子は初めて見たゴッホの『夜のカフェテラス』の絵を気に入り、ゴッホについて時代背景や「どのような人物だったのか」「他にはどんな絵を描いているのか」など自分なりに調べてきました。冬休みにはゴッホ展に両親に連れて行ってもらったと喜んでいました。ゴッホはポスト印象派を代表する作

家ですが、学校で習うのは高校の世界史です。

西洋絵画を記憶してみるということをしなければ、ゴッホの絵に出会えず、自発的に調べて覚えてみるということもなかったでしょう。高校生になって教科書に出てきたから覚えるという義務的なものになっていた可能性もあります。覚えることはただ単純に知識を増やすということだけでなく、興味を広げる可能性を含んでいます。

アウトプットする力が上がり、発想力が高まる

「インプットする力が上がり、興味が広がる」の内容に通じる話ですが、まずインプットができないと自分の中にないものをアウトプットすることができません。記憶力が高まるとたくさんのものをインプットできるようになるため、アウトプットしやすくなります。そして、様々なアイディアも生まれやすくなります。

ビジネスパーソンの方は新しいビジネスプランや提案を考える場面もあるのではないでしょうか。プレゼンテーションで、どのように提案したら相手に伝わるのかなど悩むこともあると思います。そのような場面に様々な発想が生まれやすくなります。

詳しくは第7章で紹介しますが、私も記憶術を始めてから覚える能力を高められるだけでなく、「どうやったら自分の名前を覚えてもらえるのか？」という反対の発想も生まれ、今では自己紹介をすると相手に一発で覚えてもらえるようになりました。これも発想力が高まって得られた効果のひとつだと感じています。

記憶術とメモリースポーツ

テレビなどで大量に並んだ数字やトランプの順番などを覚えている姿を見たことはありませんか？

番組によっては、視聴率を上げるためにやや誇大気味に「天才！」などと演出されることも少なくありませんが、実際にやっていることは生まれつきの先天的なものではなく、後天的にトレーニングをして身につけたテクニックを披露しているだけです。

世の中には怪しい高額なセミナーなどもあるようですが、記憶術自体は怪しいものではなく、記憶力を高める（正確には記憶する技を高める）方法であり、基本に則りしっかりとトレーニングを行えば、年齢や性別に関係なく誰でも伸ばすことのできる

テクニックです。

メモリースポーツはその記憶術を一定のルールのもとで競技化したものです。トランプ2パックあれば誰でも始められます。肉体的なスポーツのように怪我をすることもなく、お金をかけず、男女や大人と子どもの性差・体格差といったハンディキャップもなく、健常者も非健常者も一緒に楽しむことができる競技です。実際に2018年の世界チャンピオンは筋ジストロフィーを患うドイツ人のヨハネス・マロー選手でした（写真）。

マロー選手は、子どもの時から運動が得意でしたが、中学生の時に筋ジストロフィーを発症し、頭で戦うスポーツなら健常者とも一緒に戦えるということでメモリースポーツを始めたそうです。マロー選手とはプライベートでも親交があるので普段から様々な話をしますが、彼は実力だけでなく、人間性も素晴らしく、大会やイベント出演などで得た賞金は、自分の生活に必要な分以外は筋ジストロフィーの研究機関に寄付をするなどの社会貢献もしています。

様々な技

100桁の数字を記憶できると言うと「何の才能もない私にできるのかな？」と思われる方もいらっしゃると思いますが、記憶術はテクニックです。数字の記憶法については第5章で詳しく紹介しますが、テクニックなので練習すれば誰でも確実にできるようになります。

このあと、第3章でストーリー法、第4章で場所法という記憶法を順番に紹介していきます。もしかしたら、少しせっかちな方はストーリー法や場所法ではなく、早く日常生活や試験に使えるような方法を教えてほしいと思う方もいらっしゃると思います。

しかし、日常生活や試験で覚えようとするものは複雑で覚えにくい形をしています。例えば歴史の年号を覚えようとする場合は、年号の数字と出来事の両方を覚えなくてはなりません。歴史の年号を覚えるにも数字記憶法とイメージ化、ストーリー法など複数の記憶術を組み合わせて覚える必要があるのです。歴史的背景の知識もあるとより記憶に残りやすくなります。

それ以外にもアルファベット記憶法など基本となるテクニックがいくつかあり、それを自分で選択し組み合わせて使えるようになると、グッと使える幅が広がります。紹介すればまだまだたくさんの記憶術がありますが、本書では汎用性《はんようせい》の高い記憶術に絞って紹介していきます。

※本書記載の「Brain Sports Academy」（ＢＳＡ）は、２０２２年9月に「株式会社メモアカ」へ社名変更しています。

contents

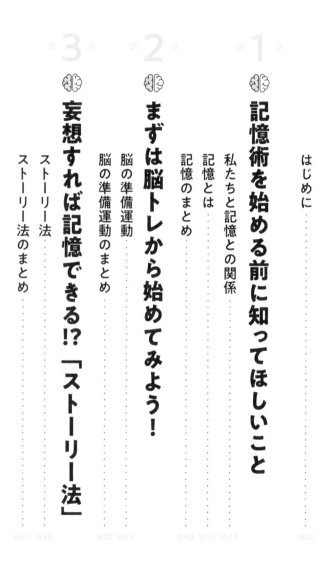

カバー・本文デザイン　藤塚尚子
ＤＴＰ・図表　横内俊彦
イラスト　木村 勉
校正　矢島規男

第1章

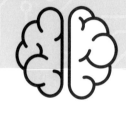

記憶術を始める前に知ってほしいこと

私たちと記憶との関係

本書を手に取っている方は「テレビに出てくる芸能人の名前が出てこない」「家の鍵をどこに置いたのか思い出せない」といった経験をされたことがあるかもしれません。他にも、昔から暗記科目が苦手で歴史の年号や英単語の暗記に苦労したという経験がある方もいらっしゃるかもしれません。

実は私も以前は、人の名前を覚えることができなかったり、高校生の時には英単語の暗記に非常に苦労していました。しかし、今では短時間で英単語を大量に記憶することができるようになりました。長期的に記憶するためにはある決まったポイントを抑えて復習することが必要不可欠です（詳しくは第10章で書きます）。

これは記憶力の日本チャンピオンだろうと一般の方であろうと同じです。**実は記憶の達人とそうでない一般の方の脳の構造は全く同じで、基本的に忘れるように人間はできているのです。**

反対に、忘れることができないとどうなるでしょうか？

全てのことが忘れられなくなると人間は生きていくことが困難になります。例えば学校で友人とケンカをした場合、忘れることができないと、その後もずっとネガティブな感情を持ってその友人と接しなくてはいけません。全ての人や物、場所などにポジティブな感情からネガティブな感情までがまとわりつくことを想像してみてください。常に色々な感情が蠢《うごめ》いていてしまって、考えただけで恐ろしくなると思います。そのような状態を避けるために人間は本能的に「忘れる」というすごい能力を身につけているのです。つまり、**忘れることが自然なのです。**

忘れにくくする方法や長期記憶をする具体的な方法など詳しくは、第3章以降でご紹介します。これから様々な方法を使って皆さんの記憶力を高めていきますが、人間は忘れる生き物で、忘れるのは自分だけではありません。忘れるということは決して悪ではないのです。

あなたの記憶力は悪くない

これから簡単な記憶力テストを2つしていただきます。

「まだ何も教えてもらっていないし、ただでさえ記憶力に自信がないのになんでいきなりテストをしなくてはいけないんだ！」と感じる方もいらっしゃるかもしれません。

このテストは皆さんの記憶力が悪くないということを証明するために行うものです。

それではひとつ目のテストを行います。

【用意するもの】

鉛筆・タイマー

【やり方】

タイマーを20秒にセットして次の10個のものを覚えてください。必ず全部見るよう

 6. 電話	 1. りんご
 7. スニーカー	 2. 犬
 8. 眼鏡	 3. ケーキ
 9. バイク	 4. 本
 10. ペン	 5. 紅茶

にしてください。

それでは、（できれば順番通りに）10個のものを先ほどの絵は見ないようにして思い出してみてください。解答時間は1分間です。

【解答欄】

1		6	
2		7	
3		8	
4		9	
5		10	

それでは答え合わせをする前に、もうひとつ簡単なテストを行います。

1～10番まで各問題にAとBの2種類の絵が出てきます。どちらかは、先ほど覚えていただいたものです。先ほどあった方の絵に○をつけてみてください。

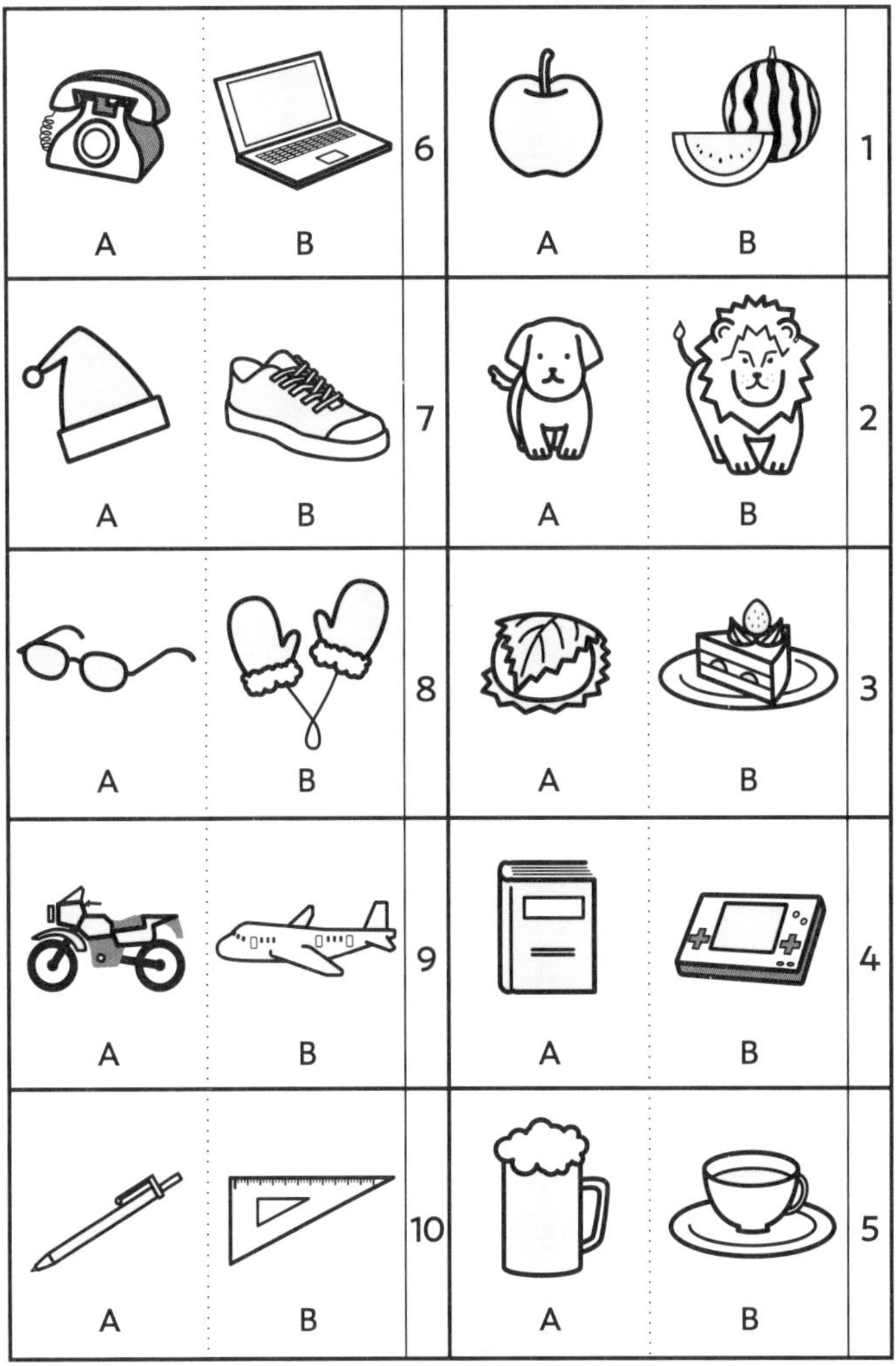
A B 6
A B 1
A B 7
A B 2
A B 8
A B 3
A B 9
A B 4
A B 10
A B 5

それでは答えを見ていきましょう。ひとつ正解で1点とし、10点満点で採点をしてみてください。

【テスト1】

1	りんご	2	犬	3	ケーキ	4	本	5	紅茶
6	電話	7	スニーカー	8	眼鏡	9	バイク	10	ペン

点数　　　点

【テスト2】

1	A	2	A	3	B	4	A	5	B
6	A	7	B	8	A	9	A	10	A

点数　　　点

2つのテストをやってみていかがでしたか？

ほとんどの方がテスト2の点数が高かったのではないでしょうか？

中にはテスト2では10点満点を取った方もいらっしゃると思います。

この2つのテスト結果から、「覚えたものを思い出すことはできなかった」が、「覚えたものがどれであったのかは選ぶことができる」ということがわかります。

つまり「頭の中に記憶として入ってはいるが、うまく引き出すことができない」ということなのです。だから、皆さんは決して記憶力が悪いわけではないのです。

記憶力の考え方のひとつとして、

「記憶力＝覚える力（インプットする力）＋思い出す力（アウトプットする力）」

と表すこともできます。本書をお読みになっている方の中には「最近歳のせいか記憶力が悪くなった」と感じている方もいらっしゃるかもしれません。
ちなみに**歳を取っても覚える力は若者とほとんど差がないのですが、思い出す力が**

落ちると言われています。思い出す力が低下することで記憶力の低下を感じるのです。

本書では様々な記憶術やトレーニングを通して思い出す力を向上させていきたいと思います。

ちょっとした工夫で記憶力は高められる

実は先ほどのテストでは、皆さんが気づかないように私が記憶に残りやすい工夫をしていました。それは絵を掲載したことです。なぜ絵を載せたのかというと皆さんにイメージをしてもらいやすくするためです。

1	りんご	6	電話
2	犬	7	スニーカー
3	ケーキ	8	眼鏡
4	本	9	バイク
5	紅茶	10	ペン

このように文字だけで10個覚えるよりも、次のようにイメージ例がある方が断然記憶に残り、思い出しやすくなります。実は記憶力を高めるにはこのイメージ力が非常

 6. 電話	 1. りんご
 7. スニーカー	 2. 犬
 8. 眼鏡	 3. ケーキ
 9. バイク	 4. 本
 10. ペン	 5. 紅茶

に大切で、記憶力を競う大会ではこのイメージ力を競っていると言っても過言ではありません。

理想は「りんご」という文字を見たら、文字で「りんご」と認識するのではなく、目の前に本当にりんごがあるようなイメージをすることが非常に大切です。もっと言えば、りんごの甘酸っぱい匂いが本当に漂ってきて唾液が出るくらいイメージができると良いです。ただそこまでイメージすることはハイレベルな話なので、匂いまでイメージできなくても構いません。

最低限「りんご」という単語を見た時に文字として認識するのではなく、写真や絵を思い浮かべる癖をつけましょう。イメージすることはりんごを見たことがある人ならばできると思います。頭の中で一度「りんご」をイメージしてみてください。

もし甘酸っぱいイメージ、さわやかな香りの印象まで出てきたら完璧です。

記憶力を高めるには、イメージ化することが非常に大切です。

記憶とは

記憶は2つを足し合わせて初めて成立する

記憶について専門的に話をすると、かなり深く難しい話になってしまうので、今回はわかりやすく簡単に説明していきます。前述「あなたの記憶力は悪くない」でも記憶力とはという話が出てきましたが、「記憶（力）＝インプット（する力）＋アウトプット（する力）」です。記憶はインプット（覚えること）だけでは成立せず、アウトプット（思い出すこと）が合わさって初めて成立します。

例えば、学校で「次の授業の前に小テストをするので、教科書24〜25ページに出てくる英単語を覚えてくるように」と言われたとします。

「教科書24～25ページの英単語を覚える」という行為は、脳の中に知らない単語を入れる行為なので、インプットしている状態と言えます。

また「覚えた単語を思い出す」「小テストをする」という行為は、「教科書24～25ページの英単語を覚える」という行為がどこまでできているのかの確認を行うことなので、アウトプットするということになります。

ここの部分をきちんと理解していないと、ただ闇雲《やみくも》に英単語を何度も書いて覚えようとしたり、声に出して音で覚えようとしたりと効率の悪い勉強法をしてしまうことになります。効率の良い英単語の勉強法は第8章で紹介します。

記憶力はいつでも誰でも伸びる・年齢や性差は関係ない

「大人は子どもと比べると記憶力が劣る。特に歳を取れば取るほど記憶力は悪くなるから、歳を取ってから記憶力が良くなることはない」と思っている方が非常に多くいます。また、「もう歳だから記憶力なんか良くなるはずがない」と諦《あきら》めてしまっている人もいます。しかし、この考えはある意味正しく、ある意味間違っています。

先ほどの記憶力の説明とはまた別の定義の話になりますが、例えば、記憶術を使わない神経衰弱での暗記など、物事を単純に記憶する力は大人よりも子どもの方が良い傾向にあります。

子どもは生きてきた時間が短い分、様々な物に接することや体験することが新鮮で感情が豊かになりやすいので、記憶に残りやすいとも言われています。反対に大人の場合はすでに多くのことを経験してきているので、子どもと比較すると普段の生活の中でも新鮮に感じることは減ってきます。これが単純に記憶する力が落ちる原因のひとつだと言われています。**感情に結びつくと記憶は残りやすいのです。**

しかし、大人は子どもと比較して、経験も知識も豊富です。そのため、目の前の覚えなくてはいけないことに対して、経験と紐《ひも》付《づ》けて記憶したり、何か知っているものと関連付けて記憶することができます。したがって、神経衰弱のような毎回異なる配列のトランプを記憶するなど、経験や知識などに絡めて覚えることができないような場面で、記憶力が悪くなったと感じやすくなるのです。

記憶術の点で言うと、実際は子どもよりも知識や経験、言葉の力が上回っているため、多くのことは大人の方が身につけるのが有利になります。これは大人の中でも年齢が上がれば上がるほど同様の傾向があり、20歳の人よりも60歳の人の方が3倍も長く生きているので、60歳の人の方が関連させて記憶する力は高いと言われています。

本書は若い方から年配の方まで幅広い年齢の方がお読みだと思いますので、特に年配の方は**自分の知っているものや経験などと関連させて記憶する**ということを意識するだけで大きく記憶に残りやすくなります。また子どものように毎回新鮮に感じることは難しいかもしれませんが、**わざとらしくオーバーなイメージにして記憶する**ことで、感情が揺さぶられ、子どもが感じるように新鮮に記憶することができます。この2つの点を意識して記憶すると記憶に残りやすくなります。

記憶力は心の状態がそのまま表れる

ここまで記憶について様々な説明をしてきました。そしてある意味一番大切なことをお伝えします。それは、**「記憶力は心理状態がそのまま表れる」**ということです。これは皆さんだけでなく、記憶力を競っているメモリーアスリートにも全く同じことが言えます。つまり、**イライラしていたり、不安な状態だったり、他のことで気が散**

っていたりすると、まともに記憶できないということです。また「どうせ覚えられない」と思っているような状態でも全く記憶できません。**脳は心と直結していて、体の他のどの部位よりも敏感なのです。**

これは私の経験ですが、3年前に台湾で開催された国際大会で、10種目中8種目終了時点まで1位で、残り2種目首位を守り抜けば優勝できるという場面がありました。私は国内大会では優勝したことがあるものの、それ以外では2位が4回、3位が5回となかなか優勝に恵まれず苦しんでいました。

ついに国際大会で優勝できるということで前夜もなかなか眠れず、当日も「ここでミスったらダメだ。絶対決めないと」という焦りの気持ちが先行してしまい、残り2種目で大きなミスを犯して最終的に4位に終わるという非常に苦い経験があります。

そして、そこからイップス（精神的な原因で思うようにパフォーマンスが発揮できないこと）のような症状にも悩まされ、イップスに関する本を何冊も読んで勉強をしたり、カメラで撮影しながら練習したりと色々な工夫をしました。

このような症状が完全に克服できたかはわかりませんが、大会の時は、「別にここで外しても死にはしないし大丈夫だ！」くらいの軽い気持ちで臨むようにしています。

何年ものあいだほぼ毎日トレーニングをしていても、心の状態で全く覚えられなくなることもあるのです。ここまで極端な話ではなくとも、覚える時は落ち着いて、穏やかな気持ちで「よし！　やってやるぞ！」くらいの気持ちで楽しみながら覚えるようにしてみてください。気持ちひとつ切り替えて行うことで、覚えられる量が大きく変わります。覚えられるかどうかは気持ち次第なのです。

記憶のまとめ

- 記憶力＝覚える力（インプット）＋思い出す力（アウトプット）
- 感情に結びついたり、知っているものや経験などと関連させると記憶に残りやすい
- 気持ち次第で記憶量は変わる

第2章

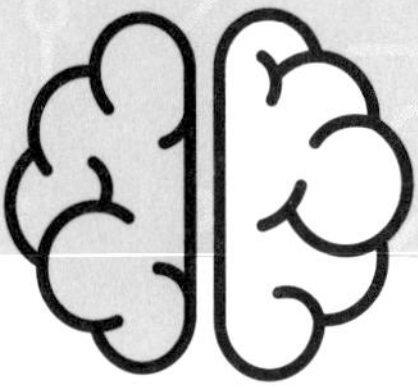

まずは脳トレから始めてみよう！

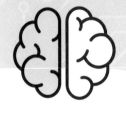

脳の準備運動

皆さんの記憶力を高める記憶法をお教えする前に、脳の準備運動をしたいと思います。スポーツには野球やサッカー、水泳など様々ありますが、どのようなスポーツでも準備運動をせずにいきなり練習や試合をする人はいないと思います。記憶力を競うメモリースポーツでも様々な脳の準備運動をしてから練習や試合をします。この**脳の準備運動**をすることで、皆さんの脳の基礎能力を最大限高めたいと思います。「音読」「四則演算」「違う文字の発見」です。

ここで意識していただきたいのは**タイマーで時間を測る**ことです。時間を意識せずだらだらやるよりも、時間を意識して行った方が良い効果が得やすいのです。また集中力も高まりやすくなり、集中モードに入りやすくなります。

音読

いずれの御時《おおんとき》にか、女御《にょうご》、更衣《こうい》あまたさぶらいたまいける中に、いとやんごとなききわにはあらぬが、すぐれて時めきたまうありけり。

『源氏物語』紫式部

吾輩《わがはい》は猫である。名前はまだ無《な》い。
どこで生れたかとんと見当《けんとう》がつかぬ。何でも薄暗《うすぐら》いじめじめした所でニャーニャー泣《な》いていた事だけは記憶《きおく》している。吾輩《わがはい》はここで始めて人間というものを見た。しかもあとで聞くとそれは書生《しょせい》という人間中で一番獰悪《どうあく》な種族《しゅぞく》であったそうだ。この書生《しょせい》というのは時々我々《われわれ》を捕《つか》まえて煮《に》て食《く》うという話である。しかしその当時は何という考《かんがえ》もなかったから別段恐《べつだんおそろ》しいとも思わなかった。ただ彼《かれ》の掌《てのひら》に載《の》せられてスーと持ち上げられた時何だかフワフワした感じがあったばかりである。掌《てのひら》の上で少し落ちついて書生《しょせい》の顔を見たのがいわゆる人間というものの見《み》始《はじめ》であろう。この時妙《みょう》なものだと思った感じが今でも残《のこ》っている。第一毛をもって装飾《そうしょく》されべきはずの顔がつるつるしてまるで薬罐《やかん》だ。

『吾輩は猫である』夏目漱石

牀《しょう》 前《ぜん》月光を看《み》る
疑うらくは是《こ》れ地上の霜《しも》かと
頭《こうべ》を挙げて山月を望み
頭《こうべ》を低《た》れて故郷を思う

『静《せい》夜《や》思《し》』李白

①5+3+7=□

②9+8−2−5=□

③5×3+2−4−3=□

④2÷1−8+6=□

⑤5×（2+5）=□

⑥3÷（8−6−1）=□

⑦5×2÷2=□

⑧4×2+4÷2=□

⑨7×3+8+2−8×2=□

⑩9×（5+2+3）+2×7−4=□

答え:①15 ②10 ③10 ④0 ⑤35 ⑥3 ⑦5 ⑧10 ⑨15 ⑩100

芽	芽	芽	芽	芽	芽	芽	芽	芽	芽
芽	芽	芽	芽	芽	芽	芽	芽	芽	芽
芽	芽	芽	芽	芽	芽	芽	芽	芽	芽
芽	芽	芽	芽	芽	芽	芽	芽	芽	芽
芽	芽	芽	芽	芽	芽	芽	芽	芽	芽
芽	芽	芽	芽	芽	芽	芽	芽	芽	芽
芽	芽	芽	芽	芽	芽	芽	芽	芽	芽
芽	芽	芽	芽	芽	芽	芽	芽	芽	芽
芽	芽	芽	芽	芽	芽	芽	芽	芽	芽
芽	芽	芽	芽	芽	芽	芽	芽	芽	芽
芽	芽	芽	芽	芽	芽	芽	芽	芽	芽
芽	芽	芽	芽	芽	芽	芽	芽	芽	芽
芽	茅	芽	芽	芽	芽	芽	芽	芽	芽
芽	芽	芽	芽	芽	芽	芽	芽	芽	芽
芽	芽	芽	芽	芽	芽	芽	芽	芽	芽

答え：左から2列目、下から3つ目に「茅」がある

少し別の種類の準備運動を紹介します。実は脳と体には強い関係性があり、軽い運動のあとに記憶すると記憶力が高まるという研究データもあります。記憶力大会に参加するメモリーアスリートたちも、軽い運動をしたあとに競技に入ると良い結果が得られる傾向にあります。今回は、簡単にできるおすすめの準備運動を紹介します。

10～30分程度の軽いウォーキング

10～30分程度のウォーキングでしたら、場所を選ばず実践しやすい軽い運動だと思います。ここで大切なのは無理をしないこと、疲労感を残さないことです。あくまで記憶力を高めることが目的なので、少し疲れたと感じたら途中でやめてもOKです。ウォーキングが難しい方であれば、座って行えるラジオ体操のようなものでも構いません。**短い時間で行える有酸素運動**が適しています。私も記憶力の大会時は国内外問わず、遠征先の朝の街並を見ながら軽い散歩に出かけていきます。

第4章で場所法という記憶術を紹介しますが、いつもウォーキングで歩く道を場所法で使用する場所として設定してみるのも効果的です。

脳の準備運動のまとめ

- タイマーで時間を測って集中モードに入る
- 音読、四則演算など簡単なことから始める
- 記憶する前に有酸素運動を取り入れる

第3章

妄想すれば記憶できる!?「ストーリー法」

ストーリー法

さあここからは実際に様々な記憶法を紹介し、皆さんにも身につけていただきたいと思います。最初に紹介する記憶法が「ストーリー法」です。ストーリー法とは何かと言うと、ズバリ以下のような内容です。

ストーリー法とはその名の通りお話（ストーリー）を作って記憶する方法。覚えるものを使ってお話を作り記憶する。

Ｓｔｅｐ１　覚える単語をイメージ化する
Ｓｔｅｐ２　イメージ化した単語でお話を作る

前述のようにまとめると、かなりシンプルな内容になります。

実際に例題を使って説明をしていきたいと思います。ここでは、イメージしやすいようにすでに絵を用意しています。

【例題】以下の5つの絵の順番を覚えてください。

それでは、以下の絵の下にその絵が何番目にあったのか数字を記入してください。

【解答】

＿＿番目

＿＿番目

＿＿番目

＿＿番目

＿＿番目

前述のような問題がある場合、ストーリー法を利用して記憶すると非常に有効です。
どのように覚えるのかというと、お話を作って記憶します。
例題の5つの絵を見ていただくと、「黒電話」「時計」「燃えているエレキギター」

「穴の中の猫」「てんとう虫」が描かれています。このまま普通に覚えるのではなく、以下のようなお話を作って覚えます。

【例】

「黒電話」が鳴ると「時計」がものすごい速さで動き出した。空からは「エレキギター」が降ってきて、「穴の中にいる猫」に当たると、猫は口から「てんとう虫」を吐き出した。

このようにお話を作ることができます。初めてストーリー法を聞いた方は「なんでそんな訳のわからないストーリーになるのだろう?」などと疑問をいだくかもしれませんが、ストーリーは綺麗な話である必要はなく、めちゃくちゃで、ある意味奇想天外なお話で構いません。むしろ、あり得ないような話の方が感情に結びつき、印象に残りやすくなるので、**現実の世界で起きそうにないようなストーリーの方が良いです。**

通常はこのストーリーは人に見せるわけではなく、自分で記憶できれば良いので、あまり考え込まず思いついたストーリーを作ってみることが重要です。
それでは皆さんも練習問題を早速やってみましょう。

【練習問題1】

【練習問題2】

【練習問題3】

【解答1】

番目

番目

番目

番目

番目

【解答2】

番目

番目

番目

番目

番目

【解答3】

＿＿番目

＿＿番目

＿＿番目

＿＿番目

＿＿番目

いかがでしょうか？　練習問題はクリアできましたでしょうか？

もしクリアできたら少しレベルアップをしたいと思います。今度は絵がない文字だけの単語の記憶に挑戦です。以下の【例題】を見て行きましょう。

【例題】以下の5つの単語を順番に覚えてください。

1	みかん
2	馬
3	ペンギン
4	岩
5	雨

それでは、以下の解答欄に記憶単語5つを順番通りに記入してください。

【解答】

1		2		3		4		5	

先ほどは絵がついていた分イメージしやすく、解答も5つの中から順番に選ぶだけだったので、今回の問題の方が少し難しく感じる方もいらっしゃるかもしれません。単語だけで記載されている場合、文字で覚えようとするのではなく、**イメージする**ことが重要です。イメージは自分があとで思い出しやすければ良いので、「みかん」という単語を見て、皮のむいてあるみかんをイメージしても構いませんし、鏡餅の上に置かれているみかんをイメージしても構いません。

どのようなストーリーでも構いませんが、今回はひとつの例を紹介します。

【例】

「みかん」の中から皮を破って「馬」が逃げ出した。馬の背中には「ペンギン」

が乗っていて、走っていると「岩」に躓《つまず》いて転んでしまった。すると空からは「雨」が降ってきた。

以下の練習問題では、登場する単語を丁寧にイメージ化することが重要です。しっかりイメージ化した上でストーリーを作らないと、思い出すことができず、解答欄を埋めることができなくなります。しっかりとイメージ化することと印象に残りやすいような奇想天外のストーリーを作ることを意識して、以下の練習問題に取り組んでください。

【練習問題1】以下の5つの単語を順番に覚えてください。

1	いちご
2	いくら
3	牛
4	ドア
5	桜

【練習問題2】以下の5つの単語を順番に覚えてください。

1	帽子
2	メロン
3	パソコン
4	お茶
5	紙

【練習問題3】以下の5つの単語を順番に覚えてください。

1	電子レンジ
2	Tシャツ
3	コイン
4	ネクタイ
5	耳

それでは以下の解答欄に記憶単語を順番に記入してください。

【練習問題1　解答】

1	
2	
3	
4	
5	

【練習問題2　解答】

1	
2	
3	
4	
5	

【練習問題3　解答】

1	
2	
3	
4	
5	

今回の練習問題で5個の単語を記憶していただきましたが、もう少し数を伸ばして最大10個程度の単語までであればストーリー法で記憶することができます。しかしあまり数が多くなると、ストーリー法では話が長く壮大になってしまうので、途中で単語が抜けてしまったり、ストーリー作りに時間がかかってしまうというデメリットもあります。そんな時に大きな効果を発揮するのが次の章で紹介する場所法です。場所法を使えば100個の単語でも1000個の単語でも記憶できるようになります。

ストーリー法のまとめ

- その名の通りお話（ストーリー）を作って記憶する方法
- 覚えるものを使ってお話を作り、記憶する

Step1

- 覚える単語をイメージ化する
- 具体的にイメージできると記憶に残りやすい

Step2

- イメージ化した単語でお話を作る
- 印象に残るようなお話を作ることが重要

第4章

世界チャンピオンも使っている最強の記憶術「場所法」

場所法のやり方

場所法とは

ストーリー法の次に紹介する方法が「場所法」です。場所法はストーリー法と比較すると、身につけるには少し時間がかかります。しかし、場所法はメモリースポーツの世界チャンピオンを含め、**メモリーアスリートのほぼ全員が使っている技術**で、身につけてしまえば絶大な効果のある記憶術です。ここでしっかりと理解し身につけましょう。

皆さんの生活はたくさんの場所で溢《あふ》れています。自分が住んでいる家、通っている会社、昔通っていた小学校、よく行くコンビニなどです。普段あまり場所を意識して

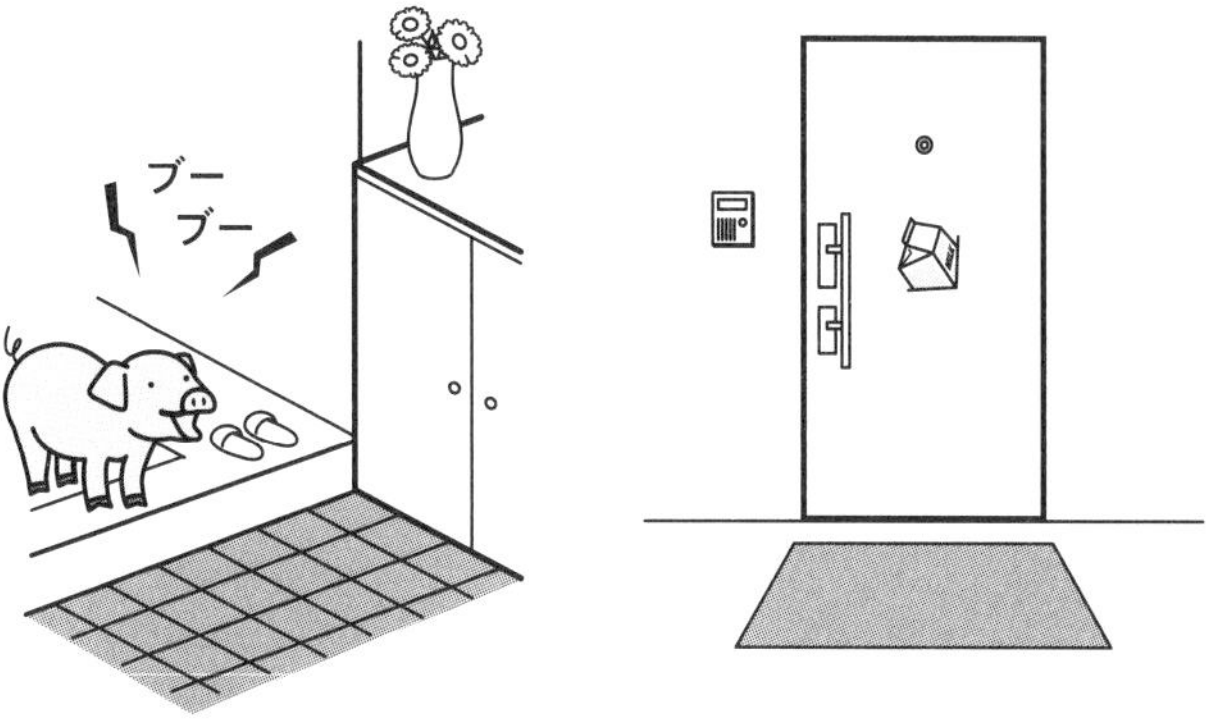

生活はしていないと思いますが、身近な場所を意識してみましょう。

まず自分の住んでいる家を思い浮かべてください。家に入るドアがあり、ドアを開けると玄関があると思います。それらの**場所に覚えるものを置いていくというのが場所法**です。普段家のドアには何もついていないと思いますが、無理やりドアに「牛乳」を埋め込んでみましょう。

プラスして、ドアが牛乳臭いイメージをしてもよいかもしれません。普段では絶対にあり得ない状況ですね。このあり得ない状況というのが、インパクトがあり、記憶に残りやすくなります。

次に玄関に「豚」を置いてみましょう。

ドアを開けて玄関を見ると、豚がブーブー鳴いていたらうるさいですね。
このように**身近な場所に覚えるものを置いていきます。**

それでは場所を思い出してみましょう。ドアには何がありましたか？
牛乳が埋まっていましたね。
次に玄関には何がいたでしょうか？
豚がブーブー鳴いていてうるさかったですね。

このように、順番通り場所に覚えるものを置いて記憶するのが場所法です。世界チャンピオンも使っていると聞くと「どんな難しい方法なんだろうか？」なんて思った方もいたかもしれませんが、とてもシンプルな方法なのです。

なぜ場所に置くのか？

記憶などを司《つかさど》る脳の器官である海馬《かいば》には、プレイスニューロン（場所細胞）という部分があります。場所に何かがあるという情報をたくさん覚える必要があるため、動物は発達していると言われています。その機能をうまく利用し、場所に記憶するものを置いていくと、とても楽に記憶することができます。例えば最近、初めて入ったお店をイメージしてみましょう。どこにレジがあってどこに椅子やテーブルがあるかなど不思議とおおよその間取りを覚えているはずです。この脳の機能を最大限利用して覚えていきます。

場所法のやり方

Step1 場所法を使うには仕込みが必要

場所法を使うには料理をするように少し仕込みが必要です。

仕込みは場所を用意することです。身近な場所を使うことはわかっていても、身近な場所を具体的にどこにするのか？　その場所のどこに、どの順番で置くのかということを事前に決めておかなければいけません。これを**「場所作り」**と言います。皆さんにとって一番身近な場所は自宅でしょう。今回はよくある家の間取りを例に説明をしていきます。

自宅など場所の大きな括《くく》りを**「ルート」**と呼びます。先ほどの説明で紹介したように、自宅の中にはドア、玄関などの細かい場所があります。この細かい場所を**「プレイス」**と呼びます。そしてプレイスを作る場合は、時計回りもしくは反時計回りのようにひとつの方向性を持って作るようにしましょう。方向性を持たせた方が早く記憶することができ、またプレイスを途中で飛ばしてしまうというようなミスを防ぐことができます。次の図の❶〜❿のように10個のプレイスを作ることができるでしょう。ひとつのルートで10個のプレイスがあることを「1ルート10プレイス」と言います。

今回紹介した家は10プレイスしかありませんが、大きい家に住んでいる方はもっとたくさんのプレイスができるかもしれませんし、遊園地や大学のキャンパスなどの広い場所で長いルートを作ることも可能です。

脳内のイメージでは図のようになっています。ストーリー法と同様に**イメージする**ことが非常に大切です。

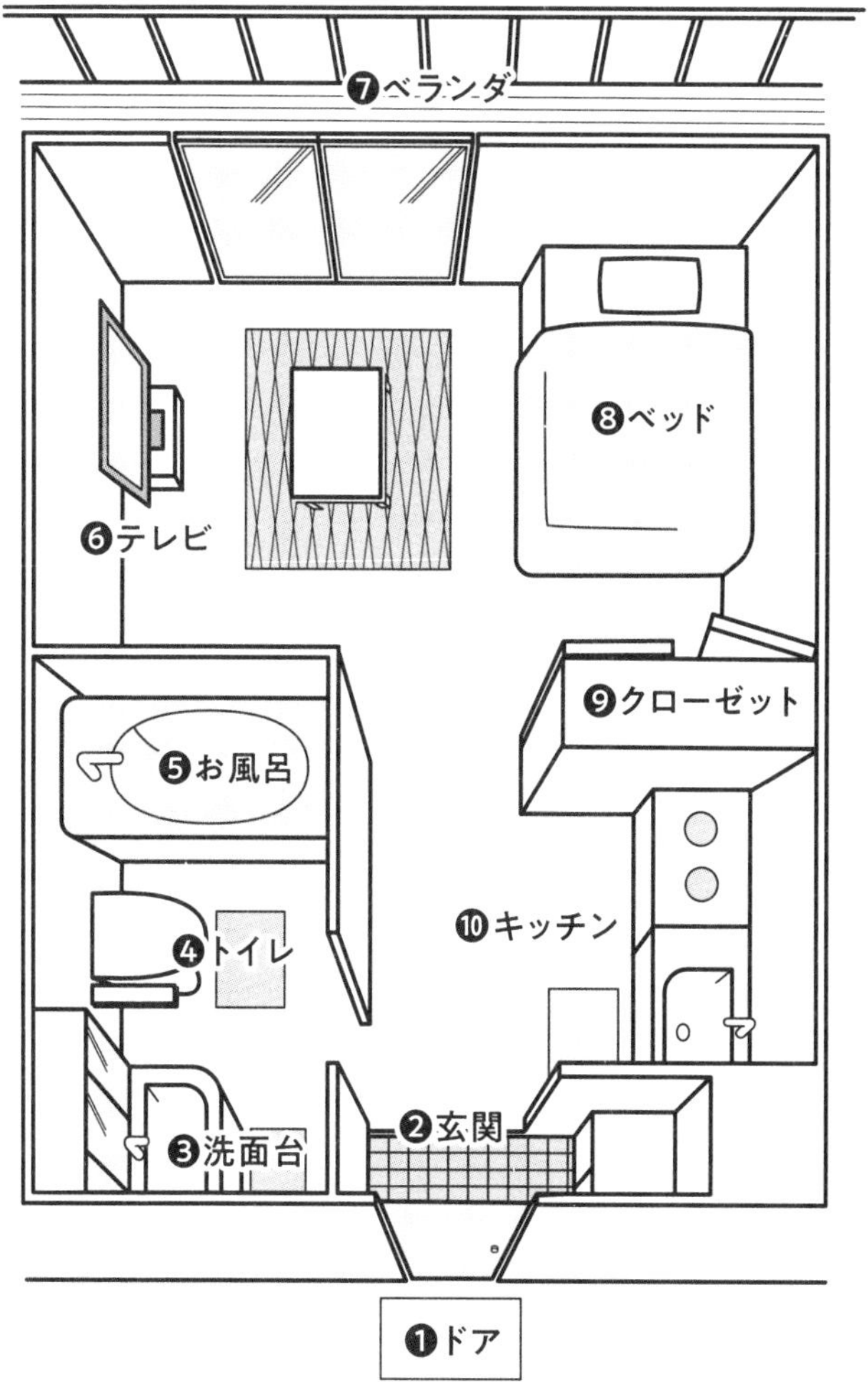
❼ベランダ
❻テレビ
❽ベッド
❾クローゼット
❺お風呂
❹トイレ
❿キッチン
❷玄関
❸洗面台
❶ドア

Step2　覚えたいものをプレイスに置いていく

覚えたいものをプレイスに順番に置いていきます。今回は皆さんの好きな単語10個を置いていきます。ひとつのプレイスにひとつの単語を置いていきましょう。記憶のポイントは先ほどのストーリー法と同様で、文字情報として記憶するのではなく、具体的にイメージをして記憶してください。

ドアに牛乳が埋まっているイメージのように、プレイスにものを置くときは俯瞰的《ふかんてき》に置くよりも、自分の目の前にプレイスがあり、そこに覚えるものがあるイメージをするとより記憶に残りやすいです。イメージ化する時にもストーリー法と同様に、ありえないような奇想天外なイメージにすると印象的なので記憶に残りやすくなります。

この作業を「⑩キッチン」まで全てのプレイスで行っていきます。10個のものを❶～❿までのプレイスに置くことができましたか？　ここで全て覚えられたと自信のある方はＳｔｅｐ３に進んでみましょう。まだ自信がない方は、ひとつ目のプレイスから10番目のプレイスまでもう一度辿ってみましょう。できたと思ったらＳｔｅｐ３に進んでください。

MILK

Step3　覚えたものを思い出す

Step2で覚えることができたら、次は覚えたものを思い出すステップです。思い出す方法は簡単です。プレイスを1番目から順番に辿り、各プレイスに何を置いたのかを確認していきます。

1プレイス目には何を置きましたか？
ドアに牛乳が埋まっていましたね。
2プレイス目の玄関はどうでしょうか？
豚がいたと思います。ブーブー鳴いているところまで想像できたら完璧です。

このようにして10番目のプレイスまで思い出してみましょう。
もしプレイスの順番がわからなくなってしまったら、プレイスの図を見て順番を確認しても構いません。ルートを新しく作ると、慣れるまでプレイスの順番を間違えたりわからなくなったりすることがありますが、使い慣れてくると自然と間違えにくくなるので、今の段階ではあまり心配しないでください。

また、思い出す時に牛乳を置いたはずなのに、コーヒーやジュースと間違えて思い出してしまうことがあります。これはどちらも飲み物で、イメージが似ているため、間違いが起きるのです。

しかし、このようなミスは良いミスです。なぜなら「飲み物」としてしっかりとイメージ化できているという証拠だからです。競技ではこのようなミスは厳しく採点されますが、日常生活や勉強で使用する分には気にしなくて構いません。間違えた段階でその都度、修正して覚えてしまえば良いです。ニュアンスや雰囲気としてわかっていることが重要だからです。


しっかりとイメージできた方は10個の単語を思い出せたのではないでしょうか？

10個の単語を覚えるということは難しいことですが、場所法を使えば、量が増えても簡単に記憶することができます。これが場所法の絶大な効果です。

場所法をうまく使う方法

場所に宿るゴースト

「ゴースト」と聞くとおばけや幽霊のような怖いイメージを連想されると思いますが、記憶術で出てくるゴーストは別に怖いものでもなんでもありません。

今10個のプレイスにものを置き、何を置いたか思い出していただきました。

ここから新たに覚えたいものが発生した時にドアや玄関にものを置いてしまうと、ドアに埋まっていた牛乳や玄関にいた豚が邪魔をします。

これを**「ゴースト」**と言います。ゴーストがいるとなかなかイメージを置きにくく、新たに置いても思い出す時にも邪魔をしてきます。これはしっかりとイメージを場所に置けているということの副作用でもあります。

では、このゴーストはどうやったらいなくなるのでしょうか？

ゴーストを消す方法はたったひとつ、使わなければいなくなります。放っておけば良いのです。放っておくとイメージは徐々に弱くなり、やがて消えてしまいます。

これが場所法のデメリットのひとつです。ゴーストが宿ってしまうため、1回使用した場所はしばらく使いづらくなってしまうのです。

場所作り

先ほどの例題では、説明のために架空の家を使用しました。

ルートの大きさは、その人や何をどのくらいの期間で覚えなければいけないかということによって変わるのでなんとも言えませんが、合計で50～100プレイスあると勉強や学習に大きな効果が出ます。

もし本気で競技を行いたいという人は、300プレイスほどあると良いでしょう。

皆さんは、まだ1ルート10プレイスしか持っていないため、練習問題でルートとプレイスを増やす場所作りを行っていただきたいと思います。

今から作る場所はこのあとの練習問題で生きてくるので、ぜひ取り組んでください。

【練習問題1　場所作り】10プレイスのルートを2つ作ってください。

【例】

ルート名：自宅		
プレイス	1	ドア
	2	玄関
	3	洗面台
	4	トイレ
	5	お風呂
	6	テレビ
	7	ベランダ
	8	ベッド
	9	クローゼット
	10	キッチン

ルート名：		
プレイス	1	
	2	
	3	
	4	
	5	
	6	
	7	
	8	
	9	
	10	

ルート名：		
プレイス	1	6
	2	7
	3	8
	4	9
	5	10

【練習問題2　単語記憶】 練習問題1で作ったルートをどちらかひとつ使用して、10個の単語を覚えてみましょう。ルートやプレイスは見ながら行っても構いません。

1	6
スカイツリー	落花生
2	7
しゅうまい	牛肉
3	8
たこ焼き	カニ
4	9
うなぎ	明太子
5	10
煎餅	お茶

【解答】

1	
2	
3	
4	
5	
6	
7	
8	
9	
10	

いかがでしたか？　たくさんのものを覚える時にストーリー法で覚えようとすると時間がかかかり、間が抜けやすいという壁にぶつかります。しかし、場所法だとあらかじめ作った場所に置いていくという作業になるので、比較的楽に記憶することができます。本章の最後に場所作りのシートと難易度を変えた練習問題を数問用意しておきます。一度にやろうとせず、練習してみてください。

場所法をどう実践に応用していくのかという詳しい話は、第8章で紹介します。

場所を節約する方法

場所法に慣れてくると、もっとたくさんのものを覚えたくなります。しかし、もっと多くのものを覚えたい時はどうすれば良いのでしょうか？

同じ場所を使ってしまうとゴーストが出てきてしまいます。それを解決するには2つの方法があります。

ひとつが**「ルートやプレイスの数を増やす」**こと。そして、もうひとつが**「ひとつのプレイスに置く数を増やす」**ことです。

ひとつ目の「ルートやプレイスの数を増やす」ということは、このあとの練習問題で行っていただくので、2つ目の「ひとつのプレイスに置く数を増やす」という話をしていきたいと思います。

本章の冒頭ではわかりやすく説明するために、ひとつのプレイスに1個の単語を置いていました。これを**「1in1メソッド」**と言います。ひとつのプレイスに2つ置く方法を**「2in1メソッド」**と言います。この言い方を覚える必要はないですが、理解はしておきましょう。

2in1メソッドだと、プレイスの消費量は半分で済むようになります。例えば、1

ルートに10プレイスある場合は、20個のものを記憶できるようになるのです。

しかし、ひとつのプレイスに2つのものを置く場合、2つのものの前後関係を覚える必要があります。ひとつのプレイスの中で、前後関係の区別はどのようにするのかというと、第3章で使ったストーリー法を使って記憶するのです。

1in1メソッドではドア（1プレイス目）に「牛乳」が埋まっていて、玄関（2プレイス目）には「豚」がいました。

2in1メソッドでは、ドア（1プレイス目）に「牛乳」と「豚」の両方を置くことになるので、ただ場所に置くのではなく、「牛乳が埋まっていて、その牛乳パックの中で豚が泳いでいた」というストーリー要素のあるイメージを作る必要があります。

2in1メソッド以外にも「3in1メソッド（ひとつのプレイスに3つ置く方法）」「4in1メソッド（ひとつのプレイスに4つ置く方法）」などもありますが、あまり多くの単語を置くことはおすすめしません。

ひとつのプレイスにたくさんのものを置いてしまうと、ひとつのプレイスの中でストーリーが壮大になってしまい、ひとつのプレイス内が混み合った状態になってしまいます。一般的にどんなに多くても、1プレイスあたり5個までにした方が良いと言われています。

場所を節約する以外にも、ひとつのプレイスに置く数を増やすと思い出しやすくなるというメリットもあります。通常1in1メソッドだと、思い出す時の手がかりがそのプレイスしかありません。しかし、ひとつのプレイスに複数のものを置くと、プレイス以外にストーリーを作って他のものと関連させて覚えるため、思い出すきっかけが増えて、思い出しやすくなります。記憶術で一番大切なことは、最終的に思い出すことができるかどうかということなので、思い出しやすいということは重要なことです。

抽象的な単語を覚えるにはどうすれば良いのか

練習問題では具体的な単語で場所法を紹介してきました。「りんご」というと誰もが赤い（もしくは緑色）の甘酸っぱい美味しい果物をイメージすると思います。しかし、形の存在しないものを記憶する時はどのようにしたら良いでしょうか？

例えば「心」という単語を覚えようと思っても、「心」に具体的で明確なイメージがありません。このような時には、「心」という単語を聞いて少し違っても良いので、それに関連するイメージを想像するようにしましょう。

例えば「かわいい女性からラブレターをもらう夢のようなシーン」「ハート型のクッション」などをイメージしても良いかもしれません。これらのイメージは直接的に「心」という単語ではありませんが、直感的に連想できるものをイメージするようにしましょう。思い出す時には「かわいい女性からラブレターをもらう夢のようなシーン」を思い浮かべますが、「ラブレター」や「告白」という単語ではなかったということはわかるので、そこから連想して「心」という単語に辿りつければ問題ありません。

余談ですが、練習問題2で覚えていただいた10個の単語は、都道府県の人口ランキングトップ10です（「2019年国勢調査」総務省）。県名のままではイメージしにくいため、各県の象徴や名産品などを単語にして覚えていただきました。

【練習問題3　場所作り】

1ルート15プレイス

ルート名：			
11	6	1	プレイス
12	7	2	
13	8	3	
14	9	4	
15	10	5	

1ルート20プレイス

ルート名：				
16	11	6	1	プレイス
17	12	7	2	
18	13	8	3	
19	14	9	4	
20	15	10	5	

【練習問題4　単語記憶】

1	6	11
2	7	12
3	8	13
4	9	14
5	10	15

【練習問題5　単語記憶】

1	6	11
2	7	12
3	8	13
4	9	14
5	10	15

【練習問題4　解答】

1	6	11
2	7	12
3	8	13
4	9	14
5	10	15

【練習問題5　解答】

1	6	11
2	7	12
3	8	13
4	9	14
5	10	15

場所法のまとめ

- 場所法とは自分の身近な場所に覚えるものを置いていく方法
- 場所は自分の住んでいる家や通っていた学校などの身近な場所を設定する
- 場所は「ルート」と「プレイス」に分けることができる

メリット

- 場所に順番通りに置くだけで、楽に記憶できる
- ストーリー法よりも早く正確に大量に覚えられる
- 1プレイスに複数のイメージを置けば各プレイスでストーリー法を使える

デメリット

- 事前に場所を用意しなくてはいけない
- 覚える量が増えるとその分場所が必要になる

第5章

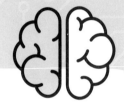

日常の様々な場面で役立つ「数字記憶法」

数字記憶法

第3章と第4章で記憶法の中で一番重要なストーリー法と場所法を紹介しました。次に汎用性の非常に高い記憶法である「数字記憶法」を紹介します。数字は電話番号や暗証番号、ナンバープレートなど生活の中のあらゆるところで登場しますが、多くの方が日常生活で見かける機会の多い数字を覚えることに苦労していると思います。

ここでは、そのような数字の記憶方法について紹介します。記憶法は第8章の「記憶術を日常生活に生かしてみよう」や第9章の「教科書記憶法」でも関連してくる記憶術なので、しっかりと理解し、身につけましょう。

なぜ数字を記憶することができないのか？

多くの方が数字を覚えることが苦手だったり、それ以上に計算などで数字を扱うことに拒否感を持っている方もいるかと思います。なぜ日常で使う言葉に比べて、数字をとっつきにくいと感じるのかというと、数字はそれ自体に意味がないものであり、無機質なものだからです。

例えば「レモン」という単語を見ると「黄色い、酸っぱい果物」と簡単に想像できると思います。想像力が豊かな方は、唾が出てくるということをまさに今、体験しているかもしれません。

一方、「970」という数字はどうでしょうか？

「970」という数字を見ても、ただの3桁の数字が並んでいると感じる方が大半だと思います。この差が数字に対する拒否感を生んでいる原因なのです。

では、少し数字を変えてみましょう。「レモン」のように、全員が共通した同じイメージを持つことはなかなか難しいのですが、野球ファンの方は「51」や「55」という数字を見たら選手の背番号を連想し、「51＝イチロー選手」「55＝松井秀喜選手」と感じるでしょう。アイドルファンの方だったら、「46」「48」という数字を見ると、「乃木坂46」、「ＡＫＢ48」とイメージできるかもしれません。あまり良い例えではありませんが、「3・11」という数字を見ると自分が体験した東日本大震災をイメージする方も少なくないと思います。

このように数字でも何か自分の体験したことや好きなもの、身近なことに置き換えると簡単にイメージができるようになり、記憶することが容易になります。

数字の記憶法「1桁1イメージ法」

ここまで数字を身近なイメージに置き換えると記憶に残りやすくなるという話をしてきました。しかし、数字全てを身近なイメージに換えることは難しいので、ここからはある法則性に則って数字を記憶する方法をご紹介したいと思います。

「1桁1イメージ法」です。名前を聞くと難しそうに感じるかもしれませんが、非常にシンプルな方法です。私たちが日常生活で使用している0〜9の数字を具体的なものに置き換えて記憶する方法です。数字は音と合わせて言葉を作っています。「0」は「れい」と読めるので「冷蔵庫」というイメージしやすいものに置き換えました。
それでは、どのように記憶するのか実際に紹介していきたいと思います。

【変換表】

0	冷蔵庫	1	いちご	2	にんじん	3	サンダル	4	ヨット
5	ゴリラ	6	ロッカー	7	七面鳥	8	蜂	9	きゅうり

【例題】

8	5	3	9	1

という数字を記憶する場合、変換表から

8↓蜂	5↓ゴリラ	3↓サンダル	9↓きゅうり	1↓いちご

という単語に置き換えることができます。

単語を5つ覚える問題は「ストーリー法」や「場所法」で紹介した単語記憶と同じです。例題や練習問題と言葉を置き換えただけで全く同じ問題になりました。

数字もこのように、一度事前に決めたイメージに置き換えてしまえば、簡単に記憶することができてしまうのです。むしろ単語は無制限にありますが、1桁1イメージ法のイメージ数は10パターンしかないので、思い出す時に絞り込むのも容易です。単語を覚える時の前段階に数字を単語に置き換えるという作業が加わっただけなのです。

単語記憶　　単語↓イメージ化↓場所に置くorストーリーを作る
数字記憶　数字↓単語↓イメージ化↓場所に置くorストーリーを作る

それでは次の問題を通して数字記憶法の練習をしてみましょう。

まず、数字を見てイメージ表にある単語を思い出す必要があります。以下の練習問題で数字の下に単語を書き出してみましょう。思い出せない場合はイメージ表を見ながら行っても構いません。時間を測り、タイムを縮めることを意識すると、ゲーム性があって楽しくトレーニングすることができます。

【練習問題1】

4	9	5	0
3	8	6	1
2	7	7	2
1	6	8	3
0	5	9	4

タイム

1回目	
2回目	
3回目	
4回目	
5回目	

【練習問題2】

2	9	5	3
1	1	4	2
4	9	1	9
5	6	2	1
8	7	0	6

【練習問題3】

2	5	6	4
1	5	4	1
6	1	9	3
2	7	8	0
0	0	2	8

タイム

1回目
2回目
3回目
4回目
5回目

タイム

1回目
2回目
3回目
4回目
5回目

ある程度数字の変換が身についたら、ストーリー法を使って実際に数字を覚える練習をしてみましょう。

【練習問題4】

0	5	7	3	1

【解答】

ストーリー記入欄

【練習問題5】

3	1	7	5	3	7	0

【解答】

ストーリー記入欄

7桁の数字をストーリー法で記憶すると話が長くなり、少し大変だったかもしれません。覚える数が増えてきた時は、場所法を使って記憶してみましょう。次の問題から同じ数字を使って場所法で記憶してみてください。

【練習問題6】

8	8	5	7	5	1	9	4

【解答】

第4章にあるルートを使用

場所法を使用すると、数が増えた時に非常に楽に記憶できることを改めて実感いただけたと思います。どんなに数が増えても場所法を使えば、もっとたくさんの数字を記憶することができるようになります。

これから紹介する記憶法は、必ずしも身につける必要はありません。色々な方法があることを知っておいていただくだけで構いません。

2桁1イメージ法

1桁1イメージ法よりも、2桁1イメージ法の方が一度に2桁記憶できるので、効率が良いです。しかし、1桁1イメージ法は10個の変換を身につければ良いですが、2桁1イメージ法の場合は、00～99までのイメージを身につける必要があるので、100通りの変換を覚える必要があります。事前に覚えなくてはいけない数字は10倍になりますが、もし身につけられたら、覚える効率は2倍になります。メモリーアスリートとして大会でも十分戦えるレベルになります。

2桁1イメージ法を身につけたい方のためにイメージ表を記載しておきます。余裕のある方は挑戦してみてください。

1:あ行 2:か行 3:さ行 4:た行 5:な行 6:は行 7:ま行 8:や行 9:ら行 0:わ行

00 おわん	01 ワイン	02 わかめ	03 お酢	04 わた
05 鬼	06 おひたし	07 おみくじ	08 お湯	09 おくら
10 あわ	11 アイロン	12 イカ	13 石	14 板
15 穴	16 アヒル	17 網	18 鮎	19 アリ
20 川	21 貝	22 柿	23 傘	24 カタツムリ
25 蟹	26 かばん	27 亀	28 蚊帳	29 カラス
30 竿	31 サイコロ	32 桜	33 笹	34 砂糖
35 砂時計	36 サバ缶	37 サメ	38 さやえんどう	39 皿
40 たわし	41 鯛焼き	42 タコ	43 たすき	44 畳
45 棚	46 足袋	47 玉	48 茶碗	49 ダリア
50 なわ	51 ノアの方舟	52 猫	53 ナス	54 納豆
55 布	56 ナビ	57 生ビール	58 納屋	59 にら
60 びわ	61 灰皿	62 墓	63 はさみ	64 旗
65 花火	66 葉っぱ	67 ハム	68 冷し中華	69 針
70 まわし	71 麻婆豆腐	72 薪	73 みそ	74 ムチ
75 ミニトマト	76 日光	77 耳	78 眉毛	79 マーライオン
80 八百屋	81 やいば	82 やかん	83 ヤシの木	84 屋台
85 ユニフォーム	86 湯葉	87 山	88 ヨーヨー	89 よろい
90 クワ	91 杭	92 クッキー	93 草	94 靴
95 くない	96 首	97 熊	98 ラー油	99 レール

00〜99のイメージの作り方は、0〜9を50音に当てて覚えます。今はスマートフォンが主流になっていますが、以前二つ折りの携帯電話が流行《はや》っていた時は、数字の1の部分を押すとあ行の文字が打てたと思います。数字の部分にひらがなを割り当てます。

3桁1イメージ法

2桁1イメージ法と同様の方法で000〜999までイメージを作れば1桁1イメージ法の3倍の効率で数字を記憶できるという方法です。しかし、イメージの数1000個と膨大になるため、超上級者向けの技術になります。

ちなみに本章の最初に紹介した「970」は、私にとっては、「レモン」のイメージです。「レモン」という単語を見ても、「970」という数字を見ても同じように見えて、どちらも想像すると口の中に唾が出てくる感覚があります。

3桁1イメージ法はあまりにも難しいので、そのような方法が存在するという意味で紹介しました。

数字記憶法のまとめ

- ０～９の数字を具体的なものに置き換えて記憶する方法
- 数字→単語→イメージ化→場所に置くorストーリーを作る
- ２桁１イメージ法を身につけるとメモリーアスリートとして大会で戦える
- ３桁１イメージ法は超上級者向けの技術

第6章

英数字も
ラクラク覚えられる
「アルファベット
記憶法」

アルファベット記憶法とは

第5章で数字記憶法を学んでいただきました。数字ほどではないものの、日常生活で頻繁に目にするものがアルファベットです。メールアドレス、オンラインショッピングサイトのログインＩＤ、Wi-Fiのパスワードなどインターネットの発展に伴い、覚えなければいけない場面が増えてきました。外出先でログインパスワードを聞かれ、困ったことがある方も多いのではないでしょうか？

ほとんどのパスワードは数字とアルファベットの組み合わせで作られているので、第5章と本章の記憶法を身につけることができれば、困ることはなくなります。**基本的な覚え方は数字記憶法と同じ**なので、安心してください。

第5章で紹介したように、日常生活で使用する数字は0〜9までの10種類の数字で構成されています。アルファベットは何文字あるでしょうか？

英語のアルファベットは26文字あります。アルファベットは日本語を母国語としている日本人にとって、元々馴染《なじ》みの薄いものです。ローマ字のAを見ても何も思い浮かばないと思いますので、数字同様に変換表を元に記憶していきます。数字と比較して26個と数が多いので、1回で全て覚えようとせず、時間をかけて何回も覚え直すという気持ちで構いません。また数字よりも汎用性は低いので、難しいと思ったら飛ばしてしまっても問題ありません。

それでは、アルファベットの下に変換表にある単語を書き込んでいきましょう。タイムを記入できる欄も設けていますので、時間を測ってやってみてください。変換表は見ても構いません。

変換表

A	B	C	D	E	F
Apple りんご	Bee 蜂	Candy あめ	Drum ドラム	Eraser 消しゴム	Fish 魚
G	H	I	J	K	L
Garlic にんにく	Hand 手	Ice cream アイスクリーム	Jellyfish クラゲ	Knife ナイフ	Lake 湖
M	N	O	P	Q	R
Medicine 薬	Nail 爪	Octopus タコ	Peach 桃	Queen 女王	Rabbit ウサギ
S	T	U	V	W	X
Strawberry イチゴ	Table テーブル	Umbrella 傘	Violin バイオリン	Watch 時計	Xylophone 木琴
Y	Z				
Yogurt ヨーグルト	Zebra シマウマ				

【練習問題1】

A	E	I	M	Q	U	Y
B	F	J	N	R	V	Z
C	G	K	O	S	W	
D	H	L	P	T	X	

タイム

1回目	
2回目	
3回目	
4回目	
5回目	

【練習問題2】

D	I	N	S	Z
C	H	M	R	W
B	G	L	Q	V
A	F	K	P	U
Z	E	J	O	T

タイム

1回目	
2回目	
3回目	
4回目	
5回目	

【練習問題3】

R	T	V	B	H
X	F	C	G	A
S	E	D	M	Q
K	V	W	K	Z
O	P	U	Y	J

タイム

1回目	
2回目	
3回目	
4回目	
5回目	

ある程度アルファベットの変換が身についたら、ストーリー法を使って実際に覚える練習をしてみましょう。

【練習問題4】

H	A	X	U	Z

【解答】

ストーリー記入欄

タイム

1回目	2回目	3回目	4回目	5回目

今度は場所法を使って7桁のアルファベットを覚えてみましょう。

【練習問題5】

U	B	V	M	V	Y	C

【解答】

第4章で作ったルートを使いましょう。プレイスは1〜7まで使用してください。

タイム

1回目	2回目	3回目	4回目	5回目

アルファベット記憶法のまとめ

- 基本的な覚え方は数字記憶法と同じで、具体的なものに置き換えて記憶する
- アルファベットは26文字あるので、26文字を置き換えて覚える
- 数字よりも汎用性は低いため、難しいと思ったら無理に覚えなくても問題ない

第7章

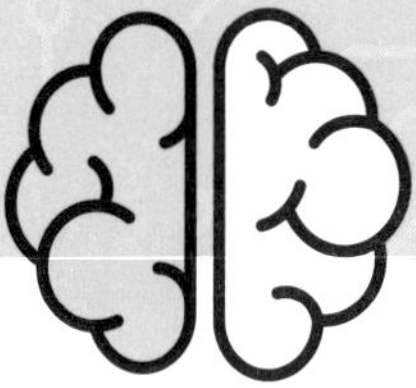

顔はわかるのに……こんな悩みを解決する「顔と名前の記憶法」

相手の名前を覚える

なぜ名前が出てこないのか

人の名前が出てこない時があるかと思います。

例えば、営業先の担当者の名前、子どもの学校の保護者会などで「こんにちは。●●さん」と声をかけられて「この人の顔は知っているけど、名前はなんだっけ？」と考えながら、他の人がその人の名前を呼ぶのを待っているなんていう状況を一度は経験しているのではないでしょうか？

そもそもなぜ顔は覚えているのに名前が出てこないのでしょうか？

それは顔と名前に関連性がないからです。私の名前は「青木《あおき》 健《たける》」ですが、健という名前と顔につながりはありません。また青木という苗字も親から受け継いでいるだけで、名前と同様に顔と関連性はありません。結婚したら苗字が変わる可能性だってあります。

しかし、もし顔や体の特徴が名前に関連していたらどうでしょうか？

少しは覚えやすくなるのではないでしょうか？

2点式記憶法

顔と名前に関連性があると思い出しやすいのであれば、無理やり関連性を持たせてあげれば良いのです。今回紹介する方法は「2点式記憶法」という方法です。

❶顔を見て第一印象を決める

❷名前からイメージを連想する

以上の2つがポイントです。実際に例題で説明していきたいと思います。

左の写真の男性は酒井さんという名前です。写真を見てどのように感じましたか？「スポーツをやっていそう！」「たくさんご飯を食べそう」など、なんでも構いません。その中で自分が直感的に感じたことをひとつ選んでください。

例えば「スポーツをやっていそう」と直感的に感じたとすると「外で野球をやったあと、喉《のど》が渇いたので酒をガブガブ飲んで胃がパンパン」というように記憶します。

これは第一印象のスポーツをやっていそうという想像から、「実際に外で野球をやっている姿」を思い浮かべます。そして、酒井という名前から「酒を飲んだら胃（井）がパンパン」というイメージを連想します。

これが「2点式記憶法」です。このように連想すると記憶に残りやすくなります。

当の本人に覚え方を話すわけではないので、実際にこの酒井さんがスポーツをやっているかどうかやお酒を飲んでいるかどうかはどうでも良いです。自分が思い出すことができれば良いのです。
それでは実際に練習問題を通してやってみましょう。

【練習問題1】

山田

中里

五十嵐

富永

小林

鈴木

伊東

畑中

覚えられたでしょうか？　それでは確認してみましょう。

【解答】

思い出してみていかがでしたか？　名前は思い出せたでしょうか？

思い出す時は、「顔を見る↓名前を思い出す」という流れで名前が出てきます。その時のエピソードは直感的に感じたイメージが絡んでいると思います。

初めて見た時の第一印象は、別の時に見て感じる印象と同じである可能性が非常に高いです。

あれこれ考えてエピソードを作ると、思い出す時に考え過ぎたため逆に思い出せなくなることもあります。そのため、**直感的にイメージすることをおすすめします。**

2点式記憶法でも十分記憶できますが、イメージは複数あった方が記憶に残りやすく、思い出しやすくなります。もし余裕がある場合は、以下の内容も追加するとより記憶に残りやすくなります。

❸会話や体験からその人のエピソードを作る

❶と❷にエピソードを追加するとより記憶に残りやすくなります。先ほどの酒井さんのイメージは「外で野球をやったあと、喉が渇いたので酒をガブガブ飲んで胃がパンパン」でした。例えば、酒井さんと実際に話す機会があり、趣味が釣りだったとすると、「スポーツのあとだけでなく、釣りをする時もお酒を飲んでいる」という様子

を追加して思い浮かべてみると良いでしょう。

このように複数のイメージを作っておくと、「外で野球をやったあと、喉が渇いたので酒をガブガブ飲んで胃がパンパン」というイメージが出てこなくても、釣りが趣味の酒井さんということを知っているので、そこから酒を飲みながら釣りをしている様子を思い浮かべることができ、思い出せる可能性が高まります。

＋αとして直接的な記憶法ではありませんが、覚える人に興味を持つと非常に記憶に残りやすくなります。皆さんも学生時代などで他のクラスに好みの男子（女子）生徒がいた時、もしくはテレビなどで自分好みの芸能人などを見た時、その人に対して興味があるため、会話をしなくても、あっという間に名前を覚えてしまうという経験があるのではないでしょうか。

記憶のテクニックを使わなくても興味を持つと勝手に脳は覚えようとします。名前を覚えることが苦手な方は、まず覚えたい人に対して興味を持つことからスタートすると記憶に残りやすくなります。

相手に名前を覚えてもらう方法

今までは人の名前をどうやったら記憶できるのかという方法を紹介しましたが、ここからは自分の名前をどうやったら覚えてもらえるかという方法を紹介していきます。

自己紹介の時にキーワードを入れる

覚える時にキーワードを入れて自己紹介しましょう。多くの方は「●●株式会社の青木 健です」と自己紹介している方がほとんどだと思います。

しかし、このままでは覚えにくくインパクトがないので、「●●株式会社の青木 健です。学生時代はブルース・リーならぬ、ブルーツリー（青い木）と呼ばれていました」とひとひねり加えると、相手の記憶にグッと残りやすくなります。

昔、『踊る大捜査線』というドラマがありましたが、主人公・青島刑事役の織田裕二さんに「都知事と同じ名前の青島です」という自己紹介の決まり文句がありました。

この自己紹介も非常に理にかなった方法です。なぜかというと、「青島知事」という具体例を挙げることによって聞き手はイメージが容易にできるからです。またそのような自己紹介をする人は稀有《けう》なので、印象に残りやすくなります。

珍しい苗字や名前の場合は、ルーツの話をしても良いかもしれません。もし、どうしても苗字と何かを関連させることが難しければ、「小さい林で小林です」「平《たいら》に田んぼの田で平田です」など苗字を構成している漢字から単語を作っても良いでしょう。

見た目、服装や持ち物にヒントを入れる

私は仕事で初めてお会いする方がいる時は、必ず青系のファッションで身を固めます。スーツを着る時は紺系のスーツに水色のワイシャツ、ネクタイや靴下、カバンも紺色です。そして自己紹介の時には必ず「青木なので、〇〇さんに覚えていただきた

くて全身青で固めてきました」と自己紹介するようにしています。

前職では年間３００件ほど新しい取引先を訪問していましたが、この自己紹介をすると、雰囲気が和《なご》んで、話や商談がスムーズに行くことが多かったです。取引先には「明るい方で良かったです」と言ってもらえたこともありました。

本書をお読みの方の中には「少しふざけていないか？」と思われる方もいるかもしれませんが、私はこのような自己紹介をしてマイナスなことを言われたことは今までありません。ただし、不手際や不祥事などがあり、謝罪をしに行く場面では、このような自己紹介は避けた方が良いでしょう。

名刺を工夫する

名刺を工夫してみると会話のきっかけになるのでおすすめです。「青木だったら青色の名刺」「石川だったら石のイラストを描いてみる」など。また、好きな食べ物や趣味などを書いてみるのもアリでしょう。相手との会話が一気に膨らむこと間違いなしです。他にも顔写真などを入れると他人と差別化でき、記憶に残りやすくなります。

顔と名前の記憶法のまとめ

- 顔と名前に関連性を持たせると記憶できる

相手の名前を覚える

- 2点式記憶法（第一印象＋名前からイメージを連想する）で記憶する
- 2点式記憶法に会話や体験からその人のエピソードを作るとより記憶できる

自分の名前を相手に覚えてもらう

- 自己紹介にひとひねり加える
- 見た目、服装や持ち物と名前を結びつける工夫をする
- 名刺を工夫して会話のきっかけを作る

第8章

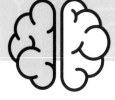

記憶術を日常生活に生かしてみよう

記憶術を応用する

第7章までは記憶術の基礎を皆さんに身につけていただきました。第8章以降は、記憶術をどのように日常生活に生かしていくのかという応用編に入ります。ここまでの内容で不安のある方は、一度戻って確認してみてください。

数字とアルファベットが混ざったものを覚える

日常生活で多くの方が苦労する英数字混じりのパスワードの記憶方法を紹介します。数字とアルファベットが混ざっていても記憶方法は全く同じです。数字10個とアルファベット26個の変換表を使って記憶します。

【例題】

Y	M	H	5	2

今回は数が少ないので、ストーリー法で記憶します。

【お話の例】

「ヨーグルト（Y）」の中に「薬（M）」を落としてしまったので、「手（H）」で薬を取ろうとしたら、なぜかヨーグルトの中から「ゴリラ（5）」と「にんじん（2）」が出てきた。

数字とアルファベットが混ざるので、イメージの数が増えるため少し大変ですが、基本的に数字記憶法やアルファベット記憶法と全く同じで、数字とアルファベットを具体的なものに置き換えて、それをストーリー法や場所法で記憶するという方法です。

次の練習問題を通して、トレーニングして慣れてしまいましょう。

【練習問題1】

Y	3	H	L	1

【解答】

ストーリー記入欄

タイム

1回目	2回目	3回目	4回目	5回目

【練習問題2】

Y	3	H	L	D	2	G

【解答】

場所記入欄

タイム

1回目	2回目	3回目	4回目	5回目

【練習問題3】

Y	3	H	L	D	2	G	J	0	7

【解答】

場所記入欄

タイム

1回目	2回目	3回目	4回目	5回目

「ストーリー法」「場所法」「数字記憶法」「アルファベット記憶法」を複合して使えるようになると、パスワードなどが簡単に記憶できるようになります。他にも飛行機や新幹線の座席番号や便名、パスポート番号などの記憶も楽にできるようになります。

ぜひ、日常生活に活用してみてください。

英単語の記憶

多くの方が暗記に苦労するのが英単語です。そして、多くの方から「記憶術を英単語に生かしたい。どのように記憶したら良いか？」という質問を受けます。

なぜ皆さんは英単語の記憶に苦労するのでしょうか？

それは「顔と名前の記憶法」と同じように日本語訳と英単語に関係性がないからです。また、覚える英単語の数が非常に多いからです。一般に大学受験で必要だとされている英単語数は7000個と言われています。

今回は多くの方が苦労する英単語の記憶法をご紹介します。英単語の記憶法は次の4ステップです。

番号	英単語	日本語
1	candidate	候補者
2	brisk	生き生きとした
3	enhance	高める
4	compliment	褒め言葉

Step1　日本語の意味を場所に置く

今回、上図の英単語を覚えていきます。多くの方がやりがちな記憶方法が、声に出して英語と日本語を読み上げたり、スペルを何度も書いて覚えようとしがちです。

記憶術を使った英単語の記憶法では皆さんが行ってきた暗記の仕方ではなく、少し異なった記憶方法をしていきます。

まずはStep1として、日本語の意味だけを場所法を使って記憶します。上図の単語の場合は、「候補者」「生き生きとした」「高める」「褒め言葉」を記憶していきます。

英単語を覚えなくてはいけないのに、日本

語訳しか覚えないので、不思議に思われるかもしれませんが、このあと英単語も登場するので心配無用です。

今回の例では4つしか掲載していませんが、もし英単語テストで20個覚えなければいけない時は20個の日本語の意味を場所法で記憶しましょう。

場所を辿って日本語が確実に思い出せるようになったら、Step2に進みます。

Step2　英単語と日本語の意味を連結させる

「candidate」という単語を例に説明していきます。「candidate」という単語は「候補者」という意味です。日本語の「候補者」という意味と「candidate」という英単語に関係性がないので、ストーリーを作って無理やり日本語の意味と英単語を結びつけることが必要です。

方法は2点式記憶法と基本的に同じで、「candidate」から「candle（キャンドル）」と「date（日）」という単語の特徴的な部分を抜き出しイメージします。そして「候補者」という意味と連結させると、「キャンドルの日を制定することを公約に掲げている候補者」というイメージができあがります。

このようなイメージにならなくても、「キャンディーを配って演説する候補者」などというイメージでも良いでしょう。自分が覚えやすいイメージであれば、何でも構いません。それでは他の単語でイメージを作っていきましょう。

ストーリー例を紹介するので参考にしてみてください。

【ストーリー例】

番号	英単語	日本語	イメージ例
1	candidate	候補者	キャンドルの日を制定することを公約に掲げている**候補者**
2	brisk	生き生きとした	**生き生きとした**鰤《ぶり》を網ですくう
3	enhance	高める	円にハンコを押して円の価値を**高める**
4	compliment	褒め言葉	**褒め言葉**と合わせて、昆布をプレゼントする

briskは「brisk《ブリスク》」から「鰤をすくう」というイメージをし、意味の「生き生きとした」というイメージを合わせて「生き生きとした鰤を網ですくう」というイメージを

作りました。

enhanceは「enhance《エンハンス》」から「円とハンコ」を作り、「高める」という意味から「円にハンコを押して円の価値を高める」というイメージを作りました。

complimentは「compliment《コンプリメント》」から「昆布」をイメージします。「褒め言葉」という意味から「褒め言葉と合わせて、昆布をプレゼントする」というイメージを作りました。

ここまでがStep2でした。ここからはStep3に進みます。

Step3 イメージを場所に置く

Step2で作ったイメージをStep1で日本語の意味を置いた場所に置いていきましょう。第4章で作ったルートとプレイスを活用すると良いでしょう。

場所の例を使って説明していきます。

「キャンドルの日を制定することを公約に掲げている候補者」を家のドアに置き、

「生き生きとした鰤を網ですくう」という様子を玄関に置きます。洗面台で「円にハンコを押して円の価値を高める」、トイレで「褒め言葉と合わせて、昆布をプレゼントする」を想像してみます。基本的に記憶法はこれで完了です。

ここでプレイスに置く理由は、復習することができるようになるからです。プレイスに置くことで、頭の中で各プレイスに何のイメージを置いたのかを確かめることで日本語と英単語が頭に入っているのか、確認ができるようになります。

これは電車の中やお風呂に入っている時など、他のことをしながらでも脳内にあるプレイスを辿るだけで確認（アウトプット）ができてしまうのです。アウトプットすることで、どの単語が覚えられていて、どの単語が覚えられていないのかがはっきりし、覚えられていない単語が明確になり、記憶により残りやすくなります。

ひとつ目のドアには、どんなイメージを置いたか想像してみると、「キャンドルの日を制定することを公約に掲げている候補者」が浮かび、「候補者」というキーワードから「候補者↓キャンドルの日↓candidate」というイメージが出ればOKです。

次に2つ目の玄関のプレイスに行き、「生き生きとした鰤を網ですくう」イメージ

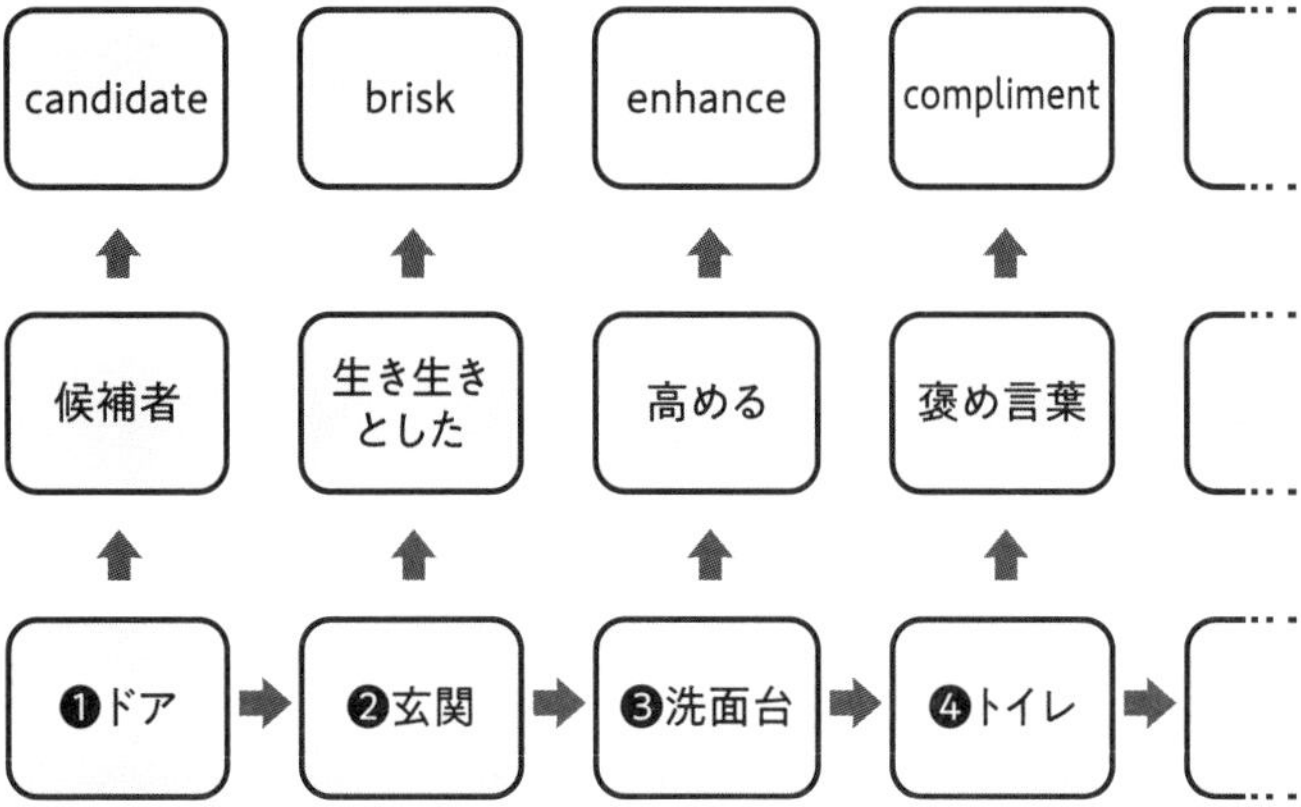

が出て、「生き生きとした↓鰤をすくう↓brisk」が出れば完了です。

このように、覚えたい英単語をどんどんプレイスに置いていきましょう。

英単語を置いた全てのプレイスから「プレイス↓日本語の意味↓英単語」という流れがスムーズに出てくるようになるまで、何度もくり返します。イメージによっては綺麗にこの順序にならない場合もありますが、目的は日本語の意味と英語を結びつけることなので問題ありません。

ここまでできていれば8〜9割の英単語の記憶は終了しています。学校の小テストや定期試験レベルであれば、これだけやっていれば乗り切れると思います。

Step4 英単語を見て日本語が出るか確認をする

最後の仕上げとして、英単語を見て日本語が出るか確認をします。

ほとんどの方は英単語を覚える際に、単語帳を見て日本語の意味を考えるという方が多いと思います。

しかし、場所法で単語を記憶する場合は、

「プレイス↓日本語の意味↓英単語」

という逆の経路で思い出すことになります。

一方通行のやり方で覚えるよりも両方向から覚えた方が脳はよく働き、記憶が強化されます。また英作文などでは、日本語で考えて英語で文章を書くということをしなくてはなりません。そのため、この記憶法は**英作文力強化にも非常に役立ちます**。基本的に「日本語の意味↓英語」または「英語↓日本語の意味」ができていれば、日本語の意味と英語の連結はできているので、頭には入っています。しかし、「日本語の意味↓英語」「英語↓日本語の意味」の両方から記憶した方がよりスムーズに使えるようになるので、「英語↓日本語の意味」という流れも行うことをおすすめします。

具体的な方法は、「覚えた範囲の単語の日本語訳を隠して、その意味が出てくるか確認する」「英単語のみを抜き出し、小テストのような形で確認する」などです。

それでは実際に練習してみましょう。

【練習】

日本語の意味のみを10個プレイスに置いて記憶しましょう。次に日本語の意味と英単語でストーリーを作ります。そのあと、ストーリーのイメージを場所に置きます。最後に場所を辿って全ての英語が出てくるか確認をしましょう。

番号	英単語	日本語	イメージ
1	sincerely	誠実に	
2	tribe	部族	
3	cough	咳をする	

4	deviate	それる	
5	forgive	免除する	
6	ample	豊富な	
7	neat	きちんとした	
8	approve	承認する	
9	motion	動き	
10	chronic	慢性的な	

以下の日本語を埋めてみましょう。

英単語	日本語	英単語	日本語	英単語	日本語
cough		ample		forgive	
deviate		chronic		approve	
deviate		tribe		sincerely	
forgive		motion		neat	

【イメージ例】

番号	英単語	日本語	イメージ例
1	sincerely	誠実に	紳士は誠実に対応してくれる
2	tribe	部族	トラがクリスマスイブには部族になる
3	cough	咳をする	古風な女性が咳をする
4	deviate	それる	デブが食べすぎて（ate）道をそれてしまった
5	forgive	免除する	4回ギブアップしたら免除された
6	ample	豊富な	アンプが豊富だ
7	neat	きちんとした	ニートなのにきちんとしている
8	approve	承認する	りんご（アップル）を老婆に持っていったら承認された
9	motion	動き	牛がモーと鳴きながら、しょんべんをする動きをした
10	chronic	慢性的な	黒い肉を慢性的に食べたくなる

ちなみに、場所法は学校のテストなどでどうしても思い出せない時にも非常に役立ちます。場所に置いていない場合は、何の手がかりもなく思い出さなくてはならないため、思い出せない可能性が高いです。

しかし、テスト範囲の英単語を場所に置いて全て覚えている場合は、**必ず自分の置いた場所の中に答えがあります**。ルートを辿って、まだ答えを書いていないプレイスがあったら、そこのイメージは何であったか確認するだけで思い出すことができます。

ＢＳＡに通う中高生が、学校の英単語テストなどで毎回満点を取ることができるのは、忘れてしまっても思い出すことができる方法を知っているからなのです。

英単語を覚えるためにプレイスはいくつ必要なのか？

「英単語を2000個覚えるためには、それだけの数のプレイスが必要ですか？」という質問を受けます。

英単語2000個を覚えるために、2000個のプレイスが必要なのかというと、必ずしもそういうわけではありません。

英単語は、基本的に「英単語↓日本語の意味」「日本語の意味↓英単語」という流れで覚えます。場所に置くことは英単語などの学習に生かす場合、一時的に順番通り保管庫にしまうようなものです。保管している間に、プレイスの順番通りに「日本語の意味↓英単語」という流れで漏れなく確認を行い、記憶を定着させましょう。

英単語と日本語の意味を結びつけることが目的なので、結びつけが定着したら、もうプレイスから思い出す必要はありません。そのプレイスは開放しましょう。

次に記憶する英単語を今まで使っていたプレイスに置いていきましょう。始めはゴーストが残っているかもしれませんが、次第に消えてなくなります。しかし、一時的に覚える英単語の数が多い場合は、それだけのプレイスを用意する必要があります。

今回、第4章「場所法」の例題で使用した場所と練習問題で皆さんに作っていただいた場所は「5ルート65プレイス」あります。そのため、65個の英単語を記憶することが可能です。ほとんどの方は65プレイスあれば事足りるかと思います。もし、どうしても足りない場合は、場所作りをしてルートとプレイス数を増やしてみてください。

記憶術の弱点

記憶術も記憶に関すること全てに有効なわけではありません。弱点もあります。記憶術というのは、今、目の前にあるものをいかに効率よく記憶し、思い出せるかということをやっています。今回は日常生活でありがちな記憶術が使いにくい場面とその対処法を紹介したいと思います。

記憶術を学習に生かすには、トレーニングが必要不可欠

私の経営するＢＳＡに入会される方の９割は記憶術初心者です。最近では、ごくたまにメモリースポーツをやってみたいという人もいらっしゃいますが、ほとんどの方

が「大学受験に必要な英単語を楽に覚えられるようになりたい」「試験勉強を楽に乗り切れるようになりたい」という理由でＢＳＡに入会されます。本書をお読みの皆さんも後者の方が多いのではないかと思います。

意外に思われるかもしれませんが、記憶術は体系だったものであり、上達するには理詰めで考えトレーニングをしていく必要があります。何かをすると、突然能力が開花するような神秘性のあるものではありません。本書でもストーリー法や場所法などを紹介してきましたが、ほとんどの方がその方法を理解することができたと思います。

今まで知らなかった記憶術を学び、高いレベルで記憶術を使いこなし、効率よく記憶している姿を想像しがちですが、それを実際に行おうとしても、最初はなかなか上手くいかないと思います。

それはよく考えると当たり前のことで、ピアノの鍵盤のどこを押せば「ド」の音が鳴るのか、楽譜の読み方を一通り教えてもらい、理解することはできても、いきなりプロのピアニストのように、ピアノが弾けるようになるわけではありません。

記憶術もこれと同様で、方法はわかっても、英単語を圧倒的なスピードで大量に正確に記憶できるようになるには、トレーニングが必要なのです。

しかも試験などで生かすには、覚える物事と自分の使える記憶術を組み合わせて使わなければならないので、複数の記憶術のレベルをある程度高める必要があります。

英単語を記憶するには、覚える英単語量に合わせて場所を用意する必要があり、英語と日本語の意味を結びつける2点式記憶法を使いストーリー化し、鮮明にイメージし場所に置く力まで必要になるのです。これを早くやろうとしても、一朝一夕《いっちょういっせき》にはできるようにならないのです。

本書では、様々な記憶術の紹介と必要最低限の例題や練習問題を用意しました。最短距離である程度、記憶術を学習や日常生活に使えるよう作成しました。あまり焦らず、着実に淡々とトレーニングして力を高めて欲しいと思います。

すでに過ぎ去ってしまったものを思い出すことは苦手

夕飯の買い出しに行った時に「牛乳は冷蔵庫の中にあったかな？　あったとしても分量は足りるかな？」なんて思うことはないでしょうか？

この場合はすでに家にはおらず、戻って確認することもできません。また事前に確認していないので、ほとんど記憶に残っていない可能性もあります。

対処法としては、自分が今家にいることを想像し、生活を振り返ってみると思い出すことができる場合があります。冷蔵庫を開けて、牛乳の量とパッケージの色をイメージしてみましょう。すると、今朝飲んだコーヒーに牛乳を入れていたことを思い出し、家に牛乳があることがわかり、その時に「牛乳が残り少ない！」と感じなかったから、まだたっぷりあるはずだと結論づけることができるかもしれません。

自分の行動には流れやその人特有のクセがあり、その場を想像することでストーリーを辿ることができるため、思い出せる可能性が高まります。

また無意識の行動でも思い出しやすくするには、普段の行動をパターン化しておくことが重要です。よく家の鍵をなくす方がいます。これは家に帰って鍵をコートのポケットに入れっぱなしだったり、その辺に置いてしまうことで起きます。このようなことをなくすためには、鍵を玄関の靴箱の上など毎回同じ場所に置くようにしましょう。牛乳パックも使ったらすぐに洗って、お皿の乾燥棚に置くなどルールを決めておくと良いでしょう。

文章を一言一句、記憶することは苦手

詳しい覚え方は第9章「教科書記憶法」で紹介しますが、記憶術を使うと本の内容を覚えることが簡単にできます。本の内容を覚えられるというと、一言一句記憶していると誤解されることが多いです。しかし、実は一言一句記憶しているわけではありません。

記憶術の一番の基本は、イメージ化したものをストーリー法や場所法を駆使して記憶していくということです。しかし、文章を一言一句記憶しようとすると、文字全てにイメージを当てる必要が出てきます。そうなると情報量がとても多くなってしまいます。そのため、使用するストーリーや場所が膨大になってしまい、時間や労力がかかり、効率が下がってしまいます。昔、メモリースポーツの大会でも「詩の記憶」という種目がありましたが、現在は廃止されています。廃止された背景にはいくつか理由がありますが、そのひとつに文章を効率的に覚えることは記憶術にあまり適していないからという理由もあったようです。

記憶術の応用のまとめ

- 数字とアルファベットが混ざったものは置き換えて覚える
- 英単語は以下の4ステップで覚える

Step1　日本語の意味を場所に置く

Step2　英単語と日本語の意味を連結させる

Step3　イメージを場所に置く

Step4　英単語を見て日本語が出るか確認をする

- 記憶したらプレイスは開放する
- 記憶術を効果的に利用するにはトレーニングが必要
- ルールを決めると過ぎ去ってしまったものが思い出しやすい
- 文章を一言一句、記憶することは記憶術に適さない

第9章

使いこなせれば反則級!?「教科書記憶法」

勉強に有利な記憶法

教科書記憶法とは

おそらくこの本を読まれている多くの方が学生時代、試験勉強で社会や理科の暗記テストなどに苦労されたと思います。第6章までの内容を身につけると教科書の内容まで記憶できるようになります。教科書を記憶すると言っても、一言一句全て記憶するわけではありません。工程は少し複雑になりますが、第8章で行った英数字混じりのパスワード記憶法と同様です。

教科書記憶法は単純暗記ではなく内容を理解したり、背景を知る必要があるため、読み込みと理解が必要です。教科書記憶法の大まかな流れを記します。

第1章で「記憶＝インプット＋アウトプット」という説明をしました。第7章まで様々な記憶法や実践を通して記憶術を学んでいただきました。これらの内容は、インプットを伸ばす技術でした。しかし、勉強などに生かすには実はインプットよりもアウトプットの方が大切です。というより、インプットした内容をアウトプットして初めて生きると言った方が正確かもしれません。インプットが疎《おろそ》かな状態だとアウトプットも疎かになってしまうからです。覚える内容や難易度、どのくらいの精度で覚えなくてはならないかにも多少左右されますが、「インプット1：アウトプット3」ぐらいの割合でできると効率よく定着します。

多くの学生が「試験勉強で教科書に蛍光マーカーで色を塗り、何度も読み返す」「授業内容をノートに綺麗にカラーペンを使ってまとめる」というような間違った勉強法をして「たくさん勉強したのにあまり良い点数が取れません」という声を聞きます。

本書を読んだ方は、今日からそのような非効率な勉強法はやめて、今から紹介する方法を実践していただければと思います。本章の後半には練習問題として、実際の教科書から文章を用意し、定期テストなどで出題されそうな問題を作りました。しっかりと練習をして定期テストに臨んでいただければと思います。
それでは前置きが少し長くなりましたが、始めていきましょう。

概要

まずは左図の教科書記憶法の全体の流れをみてください。教科書記憶法はインプットパートとアウトプットパートに分けることができます。インプットでしっかりと頭に入れたあと、インプットの3倍くらいアウトプットすることで、長期記憶化します。

インプット

インプットの部分を説明していきます。先ほども説明したように、インプットがしっかりできていないと、後半のアウトプットの部分でつまずいてしまいます。しかし、皆さんは第7章まで様々な記憶術を理解しある程度身につけていただいたと思います。今回説明する上で具体例を示しながら、説明した方がわかりやすいと思いますので、

教科書記憶法の流れ

インプット1

❶教科書を読んでしっかりと理解をする

❷キーワードを抜き出す

※文章で抜き出さないよう注意する

❸抜き出した単語を全て記憶する

A ページ記憶法

使用する記憶術　数字記憶法、ストーリー法

B 場所法

使用する記憶術　場所法、ストーリー法（1プレイスに複数キーワードを置く場合）

アウトプット3

❹キーワードを思い出す

➡思い出せない時は❶に戻って記憶し直す

❺キーワードから教科書の内容を復元する

➡ C 復元できない場合はキーワードが不足している（❷に戻る）

D 教科書の内容を理解できていない（❶に戻る）

+α 友達や家族、先生に説明してみる
ワークやドリル、参考書を解く

NG

- **内容を理解しているのに、何度も教科書を読む**
  ➡インプットの作業をくり返しているだけ
- **ノートを綺麗にまとめる**
  ➡ノートを綺麗に作ることが目的になり作業になってしまう
- **教科書を写す**
  ➡写すことが目的になり作業になってしまう

時代や学校によって多少内容は違うかもしれませんが、皆さんが義務教育において、人生で一度は習う中学校の歴史の内容で実際のやり方を見ていきたいと思います。

【例題】

「人類の出現と進化」

人類の出現（22ページ）

現在知られている最も古い人類は、今から約700万年から600万年前に**アフリカ**に現れた**猿人**で、このときにはすでに、後ろあし（足）で立って歩いていたと考えられています。立って歩くことで、大きな脳を支えられるようになり、また、自由に使えるようになった前あし（手）で道具を使用することを通じて、次第に知能が発達していきました。

今から250万年ほど前から、地球は寒冷化し（氷河時代）、陸地の約3分の1が氷におおわれるような時期（氷期）と、比較的暖かい時期（間氷期）とがくり返されました。その間にも人類は少しずつ進化していき、石を打ち欠いてするどい刃を持つ**打製石器**を作り始め、これを使って、動物をとらえて食べたり、猛獣から身を守ったりするようになりました。

今から200万年ほど前に現れた**原人**は、やがて**火**や**言葉**を使うこともできるようになりました。今から20万年ほど前には、アフリカで現在の人類の直接の祖先に当たる**新人**（**ホモ・サピエンス**）が現れ、世界中に広がりました。

狩りや採集を行って移動しながら生活し、打製石器を使っていた時代を**旧石器時代**といい、1万年ほど前まで続きました。（23ページ）

新石器時代
今から1万年ほど前に、気温が上がり始めると、食料になる木の実が増えました。また弓と矢を発明したことで、小形で動きの素速い動物をとらえることができるようになりました。こうして人々は、木の実や、魚、貝、動物をとって食料にしていましたが、やがて麦やあわ、稲を栽培し、牛や羊などの家畜を飼う所も現れました。このころ**土器**が発明され、食物を煮ることができるようになりました。また、木を切ったり、加工したりしやすいように、表面をみがいた磨製石器も作られるようになりました。このように、土器や**磨製石器**を使い、農耕や牧畜を始めた時代を、**新石器時代**といいます。

『新編 新しい社会　歴史』（東京書籍）

①教科書を読んでしっかりと理解をする

まず勉強は内容を理解しないことには始まりません。記憶する前に覚えたい範囲の教科書の内容を完璧に理解しましょう。高校受験や大学受験、その他の試験などでは、ほとんどの試験範囲が教科書やテキストに載っている内容です。教科書の内容を網羅的に理解し、覚えてしまえば受からない試験はないと言っても過言ではありません。教科書の内容でわからない部分があったら調べて、わかる人や先生に聞いてしっかりと理解しましょう。

実際の教科書には、写真や挿絵が入ってわかりやすく作られていますが、もし「打

22ページ

アフリカ	猿人	打製石器
原人	火や言葉	新人 （ホモ・サピエンス）

23ページ

旧石器時代	土器	磨製石器	新石器時代

製石器」という言葉を見て想像がつかない場合は、インターネットや本で調べてみてイメージできるようにしましょう。

②キーワードを抜き出す

覚えたい範囲の教科書の内容を読んで内容を理解したら、どの言葉がキーワードなのか見えてくると思います。キーワードと思われる言葉に丸をつけたり、蛍光マーカーなどで色を塗りましょう。この時に**文章を抜き出さず、できる限り単語で抜き出す**ようにしましょう。また抜き出す単語が多すぎるとこのあとの③で記憶することが大変になってしまいます。

ひとつの例として上図の言葉を参考にし

てみてください。今回は「旧石器時代」というキーワードを23ページの方に入れていますが、内容としては22ページとリンクします。ページの途中で文章が変わってしまう場合や、どうしてもひとつの単元が中途半端になってしまう場合は、無理やり前のページとして抜き出さなくても構いません。どのページと一緒に覚えるかが大切なのではなく、しっかりとキーワードを覚えることが大切なので、フレキシブルに対応していきましょう。

③抜き出した単語を全て記憶する

②で抜き出したキーワードを覚える方法は2通りあります。ページ記憶法と場所法です。ページ記憶法と場所法にはそれぞれメリット・デメリットがあるため、両方使ってみて自分に合った方を使ってください。

ページ記憶法

ページ記憶法は、ページに書いてある数字と抜き出した単語を関連させて覚える方法です。ここで使用するテクニックは「ストーリー法」と「数字記憶法」です。これは、ページの数字を起点にしてストーリーを作っていく方法です。

【例】数字「22」のイメージ

1桁1イメージ法の場合は、「2.にんじん」というイメージなので、22で2本のにんじんをイメージしましょう。そして22ページで「アフリカ」「猿人」「打製石器」「原人」「火や言葉」「新人（ホモ・サピエンス）」という単語を抜き出したので、ストーリー法を使って記憶していきます。

> 2本のにんじん（22）を持って、サバンナ（アフリカ）を旅していると、猿（猿人）に会った。猿なので、ダサい石の斧（打製石器）を持って原 辰徳（原人）氏と戦っていた。そこに火の玉（火）と「やめろ！」という声（言葉）が聞こえてそちらを見ると、ホモの新入社員（新人・ホモサピエンス）が立っていた。

第5章の数字記憶法で2桁1イメージ法を身につけた方向けにもひとつの例を紹介します。2桁1イメージ法の場合は、22（カ行）から「柿」というイメージを作ることができます。先ほどと同様にストーリー法を使って記憶していきます。

柿（22）を食糧難のアフリカに送ると、猿（猿人）からお礼にダサい石器（打製石器）が送られてきた。それを見ていると腹（原→原人）が痛くなってきたので、火（火）で体を温めて、「痛いの痛いの、飛んで行け！」（言葉）と言うと、なぜか新入社員（新人・ホモサピエンス）の頃を思い出した。

というストーリーを作ることができます。ストーリー作りには正解はなく、皆さんが好きなように自分の覚えやすいストーリーを作っていただいて構いません。しかし、イメージしやすいことを意識してストーリーを作ると記憶に残りやすくなります。

ページ記憶法のメリットは、ルートやプレイスが足りない場合でもストーリー法だけ知っていれば、記憶することが可能だということです。

デメリットは、ひとつのページで記憶することが多くなればなるほどストーリーが非常に長くなり、ストーリー作りが大変になること、また途中で単語が抜けやすくな

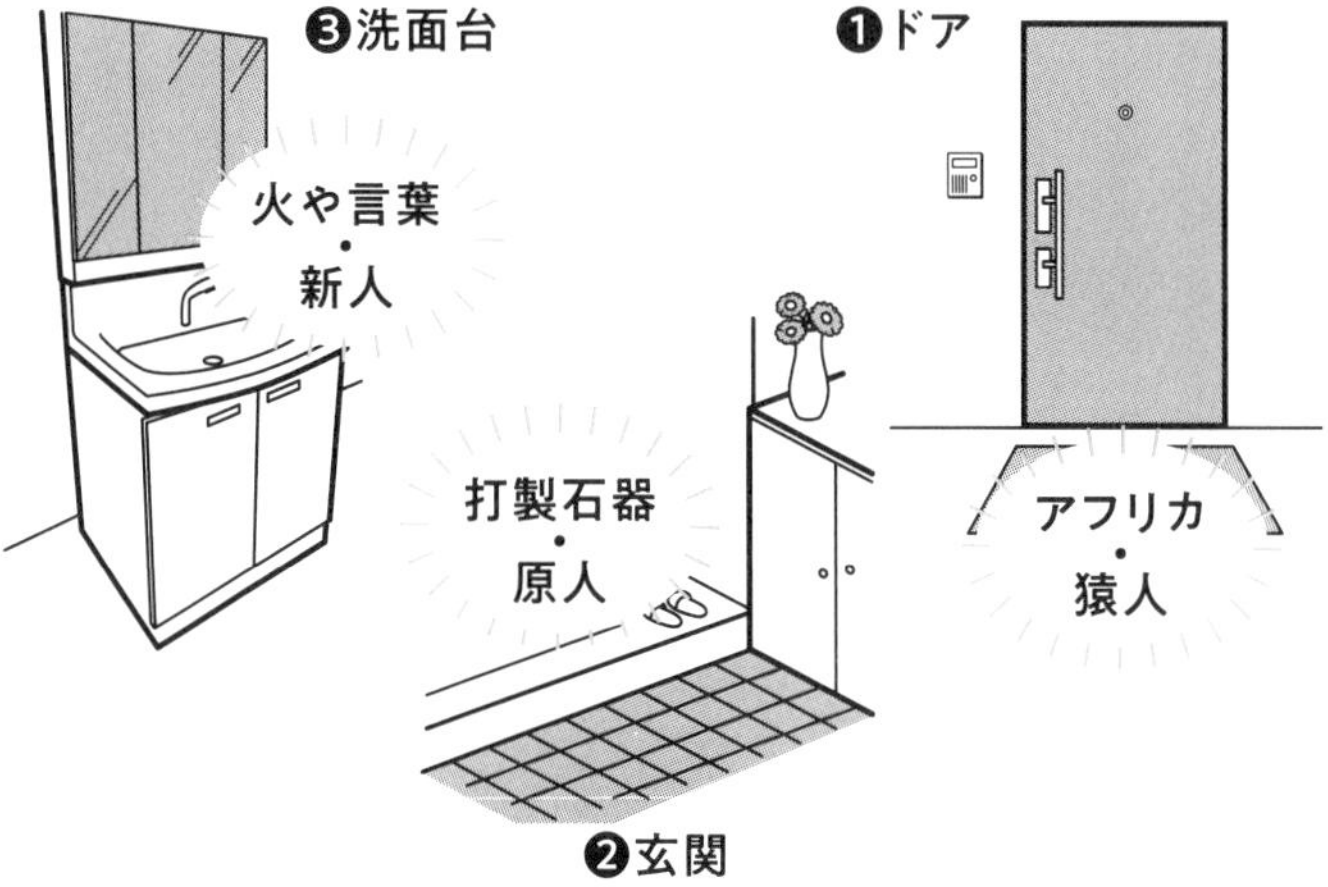

ることです。

場所法

次に場所法で記憶する場合を紹介します。

今回は第4章で紹介した、ひとつのプレイスに2つの単語を置くという方法（2in1メソッド）で行いたいと思います。

第4章のルートを元に行うと、ドア↓玄関↓洗面台という順番になります。すると上図のように単語を置くことができます。

単語をイメージに変えて場所に置くことができれば完了です。

場所法のメリットは速い速度で記憶できること、場所を選ばず全ての単語を確実に辿れることです。デメリットはルートとプレイスを用意しなければいけないことです。場所法初心者で、ルートやプレイスが少ない方はページ記憶法の方が良いかもしれません。

ここで練習問題を出したいと思います。

【練習問題1】以下の単語を、ストーリー法を使用して、記憶してください。

旧石器時代	土器	磨製石器	新石器時代

ストーリーを作ってみよう！

【練習問題2】以下の単語を、場所法を使用して、記憶してください。

旧石器時代	土器	磨製石器	新石器時代

置いたもののイメージ記入欄

実際に覚えてみていかがでしたか？

やってみると実感が湧き、「ページ記憶法」と「場所法」どちらでもできることを感じていただけたと思います。

③のインプットまでできたら、次にアウトプットを行います。ここからはインプットがどのくらいできているのかが、はっきりする部分です。
アウトプットで確実に記憶を定着させていきます。

④キーワードを思い出す

③で記憶したキーワードだけを思い出しましょう。ここからは「ページ記憶法」「場所法」で、キーワードの思い出し方が多少異なります。しかし、どちらも難しくはないので、両方確認してみましょう。

ページ記憶法で記憶した場合

22ページは22（2本のにんじんor柿）、23ページは23（にんじんと耳or傘）のストーリーを元に単語（22ページは6つ、23ページは4つ）が書き出せるか確認してみましょう。

22ページ

23ページ

場所法で記憶した場合

各プレイスを辿り記憶した単語が出てくるか確認してみましょう。

ページ	番号	プレイス	単語
22	1	ドア	
	2	玄関	
	3	洗面台	
23	4	トイレ	
	5	お風呂	

ページ記憶法、場所法どちらの方法でも構いませんが、もしここで10個の単語を思い出すことができない場合は③に戻り記憶しなおしましょう。

⑤キーワードから教科書の内容を復元する

22、23ページのキーワードを全て記憶し、正確に思い出すことができたら、そのキーワードから、教科書の内容がおおよそどのような内容であったか説明してみましょう。

今回抜き出したキーワードはこちらです。

22ページ

「アフリカ」「猿人」「打製石器」「原人」

「火や言葉」「新人（ホモ・サピエンス）」

23ページ

「旧石器時代」「土器」「磨製石器」「新石器時代」

【説明例】

アフリカに猿人が現れて、やがて打製石器を使うようになりました。その後原人に進化し、火や言葉まで使うようになりました。その後人類はさらに進化し、新人（ホモ・サピエンス）になりました。打製石器を使っていたような時代を旧石器時代と呼びます。
　その後人類はさらなる進化をとげ、土器を使って食べ物を煮て調理したり、石を砕いた石器のようなものだけではなく、石を削ったり、磨いて作られた磨製石器を使うようになりました。そのような時代を新石器時代と呼びます。

先ほどの教科書の内容ほど長く丁寧な文章ではありませんが、全体の内容を簡潔に説明できていると思います。うまく内容を復元できない場合は、2つの原因が考えられます。
　ひとつは「キーワードが不足しているか、抜き出すキーワードが間違っている場合」が考えられます。そのような状況に陥った場合は、②に戻って覚えるキーワードを追加・再考しましょう。

もうひとつは、抜き出すキーワードは正しいが、「教科書の内容を理解できていない」です。その場合は①に戻り、再度教科書を読み理解しましょう。

例えば、上記の説明例で「土器」という単語を抜き出して記憶し、思い出すことができても土器が何のために使用するものかということを理解していない場合は、ただ「土器」という単語だけが残ってしまい、うまく説明できません。

教科書には土器は調理や食べ物の保存に使用していたということが書かれています。より詳しく調べたい場合は資料集やインターネット、辞書などを使用してみるとより理解が深まるでしょう。

教科書の内容がうまく復元できない場合でも、焦る必要は全くありません。何でも初めはうまくいかないものです。また、記憶は「どこが記憶できていないのか」を自分で気づいた時により定着します。前述の例のように「土器を何のために使用するのかわからない」ということに気づくと、自分の弱点を発見することになり、意識的に理解しようとします。そうすると、より一層記憶に残りやすくなるのです。

ここまでできればほとんど完成です。もし学生の方であれば、学校の中間試験や期末試験対策として副教材や場合によっては過去問などがあると思います。＋αとして、ワークなどを解いておくと、より理解が深まり、知識がプラスされて効果的です。社会人の方が資格試験を受ける場合も、過去問題集や想定問題集などを購入して、解いておくと問題の傾向や背景知識が身につくので非常におすすめです。

反対に、やってはいけない勉強法があります。特に以下の3つは、やりがちな勉強法なので、本書を読んだ方は二度とやらないように注意しましょう。

・教科書を何度も読むこと

・ノートを綺麗にまとめること

・教科書を丸写しすること

ひとつ目の「教科書を何度も読むこと」がなぜいけないかというと、教科書を読むという行為はインプットすることだからです。教科書を読むことは重要ですが、一度しっかりと理解してしまえばその行為はそれ以上必要ありません。理解していない部分がわかった時に確認する程度です。自分はどこを覚えていて、どこを覚えていないのかということをわからないまま、ただ闇雲に教科書を読んでも時間がかかり、非常に効率が悪いです。

2つ目の「ノートを綺麗にまとめること」も学生に多い印象です。特に真面目な学生は、色ペンを使って非常に綺麗な字で見やすくまとめています。綺麗にまとめることとは内容を整理することには優れていますが、色までつけていると非常に効率が悪く、時間がかかります。

紙にまとめる方法として「マッピング」という方法があります。その方法は第10章で紹介します。

3つ目の「教科書を丸写しすること」もノートを綺麗にまとめる以上に全く意味がありません。ただ教科書に書いてある内容を写す作業になってしまいます。私が高校生時代、世界史の先生は、次回の授業までに今日の授業範囲の教科書内容を丸写ししてくるようにと宿題を出したことがありました。時間もかかり、ただ手が疲れただけで、全く記憶に残らない無意味な宿題でした。

これら3つの方法がおすすめできない理由は、全てインプット部分にあります。内容のキーワードを覚えるために記憶するのではなく、**どれもただこなすことが目的になりやすく、作業になりやすいからです。**作業になるとやった気にはなりますが、あまり頭は働いていない状態になります。

反対にワークや問題集を解くことが重要な理由は、別の視点からアウトプットができるからです。普段から意識している方は少ないと思いますが、試験やテスト、入試などは全てアウトプットする力がどのくらいあるのかということを図っています。そのため、一番大切なことは本番の試験と同じようにアウトプットすることが非常に大切です。

第7章までに皆さんにはアウトプットする力を上げていただきましたが、勉強の場合はインプットを極力早く正確に終わらせ、アウトプットに時間をかけることが大切です。本章でも説明しましたが、「インプット1：アウトプット3」くらいの割合で行うと効果的です。内容を完璧に覚える必要がある場合は、「1：4」くらいでも良いかもしれません。

基本的なストーリー法・場所法・数字記憶法などを理解し、ある程度できるようになり、第8、9章でやり方を知っておくと非常に有効で他者と学習面で大きな差をつけることができます。また、ストーリー法や場所法などを知っていても実際にどのように生かすのかをわからない方が多いため、今回ひとつの章として取り上げました。

ぜひ、実際の学校の試験や資格試験に活用してください。

教科書記憶法を活用して得られる副次的効果

私が経営するBSAでも今回ご紹介した教科書記憶法を授業のカリキュラムに加えています。ある程度、基本の記憶術を身につけた上でこのやり方を行ったところ、定期テストや小テストでは生徒全員が満点を取れるようになりました。それは期待通りだったのですが、それ以外に国語の読解力が伸びたという声も聞きました。

小学5年生の女の子は毎回、国語の文章の読み取り問題が苦手でなかなか良い点が取れなかったのですが、教科書記憶法を身につけると文章のどこの部分が大切か意識しながら読み取る癖がつき、一度読むと文章の要点を掴《つか》むことができるようになり、劇的に国語の点数が上がりました。作文でも起承転結などを意識して書けるようになり、作文コンクールでは賞をもらうなど、私も想像していなかった効果を得ています。

記憶力を高めることが読解力や文章力も上げることに間接的につながることを実感しているので、この方法をぜひ皆さんにもやっていただきたいと思います。

教科書記憶法のまとめ

Step1　教科書を読んでしっかりと理解をする
Step2　キーワードを抜き出す（できるだけ単語で抜き出す）
Step3　抜き出した単語を全て記憶する（ページ記憶法または場所法）
Step4　キーワードを思い出す
Step5　キーワードから教科書の内容を復元する

- うまくアウトプットできない場合は「キーワード不足」「抜き出すキーワードが間違っている」「教科書の内容を理解できていない」ことが考えられる
- 間違った勉強法は「教科書を何度も読む」「ノートを綺麗にまとめる」「教科書を丸写しする」こと
- 教科書記憶法で読解力や文章力も上げられる

第10章

最短で長期記憶化する方法

長期記憶化

長期記憶化をするために

一般に記憶は「長期記憶」と「短期記憶」に分けることができます。多くの方が英単語や歴史の年号が覚えられないなど悩んでいますが、これは覚えてもすぐに忘れてしまうことが原因です。**短期記憶からうまく長期記憶に移行できないことが問題なのです**。しかし、記憶術を使って記憶すると、短期間よりは少し長い時間覚えておくことが可能です。これを「中期記憶」と呼びます。第9章までに紹介した記憶法は、全て短期記憶を中期記憶化する方法です。そのため、中期記憶化できると、普通よりは長く覚えておくことができますが、放っておくと忘れてしまいます。そのため、長期記憶化したい場合は、**長期記憶化するための復習作業が必要なのです**。

第9章で記憶術を日常生活に生かす方法のひとつとして、教科書記憶法を説明しました。イメージ化やストーリー法、場所法などの様々な記憶法を使っているので、普通に覚えるよりも圧倒的に早く・正確に・大量に覚えることができ、長期記憶化しやすい状態です。しかし、教科書の内容はもちろん、英単語や歴史の年号なども一度見ただけでは長期記憶として維持することは難しいです。本章では効率よく長期記憶化する方法を紹介していきます。

復習する方法

記憶を長期記憶化しようとすると、復習することが必要不可欠です。特に復習した際に記憶に残りやすい方法は**アウトプットする**ことです。第9章でインプット1：アウトプット3の割合で復習することが重要だと説明しました。したがって復習は目安として3回は行うようにしましょう。

例えば、教科書記憶法ではページ記憶法や場所法でキーワードを記憶しましたが、ページ記憶法ではページの数字を、場所法では各プレイスを脳内の単語帳のようなものとして、もれなく確認をしました。ページ記憶法で覚えた方は、ページのストーリーからキーワードを思い出せるか、場所法で覚えた方は場所を全て辿ってキーワードが完璧に出てくるか確認することが大切です。キーワードを思い出すことができたら、教科書の内容を説明できるか確認してみましょう。ここまでのプロセスをくり返して確実にできるようになれば、ほぼ長期記憶化ができていると言って間違いないでしょう。

復習するタイミング

復習は目安として3回行うことが重要ですが、ただ3回くり返せば良いのではなく、ある程度スパンを空けて行うのが有効です。1日の中でどの時間帯に行うのかによっても多少異なります。朝勉強する人、夜仕事が終わって寝る前に勉強する人など、様々だと思います。どのような生活スタイルでもおおよそ目安にしやすいタイミングを紹介します。

1回目は24時間以内

英単語、教科書のキーワードなど全てに通じることですが、1回覚えたら24時間以内に復習するようにしましょう。一度目で覚えた時よりも短い時間で復習できるはずです。

この段階で意識していただきたいことは、覚えられているものと覚えられていないものとを区別することです。覚えられていないものは再度覚え直す、教科書や単語帳などがある場合は必ず確認し、印をつけておきましょう。

2回目は2〜3日後

1回目の復習の段階よりもより効率的に復習できます。1回目の復習の時に何が覚えられていて、何が覚えられていないのかの仕分けができているので、2回目の復習の時に「ここは前回できなかったところだな！」と思いながら復習することができます。1回目の復習の時よりも覚えられているものは増えているでしょうが、中には1

記憶するタイミングのイメージ

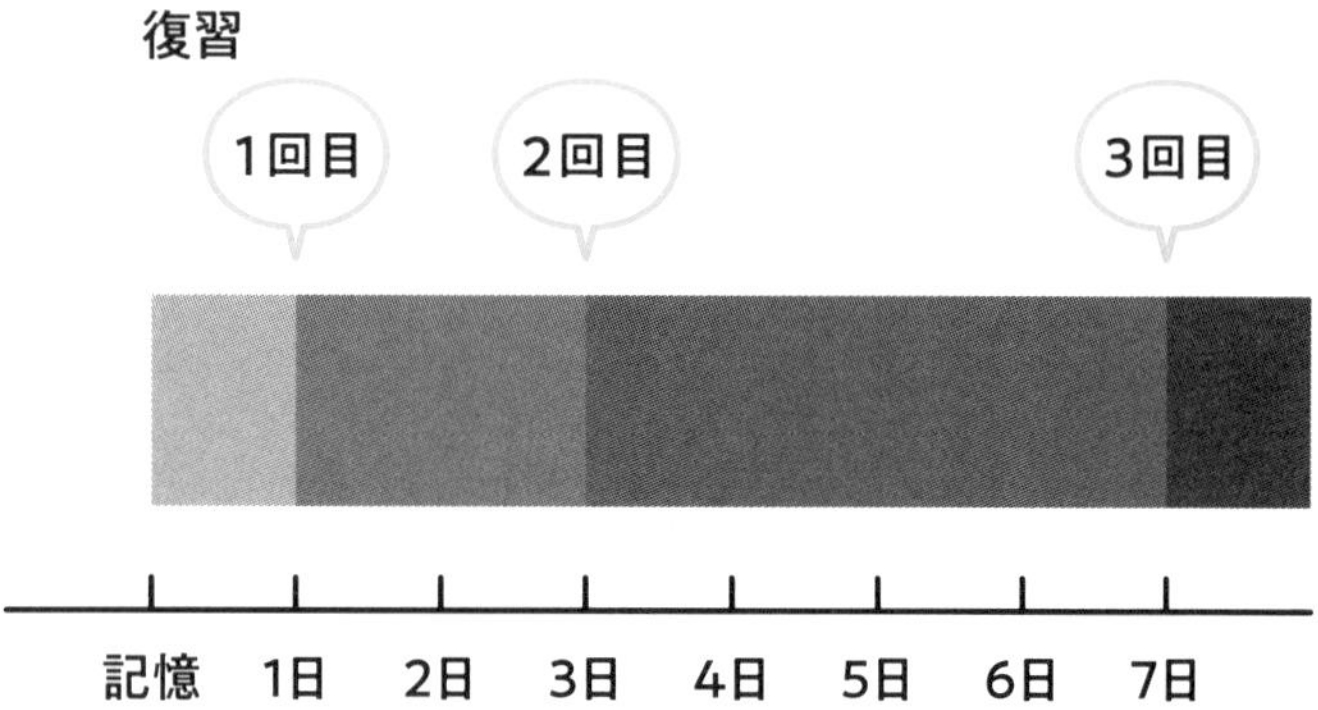

回目の復習で間違えて、2回目の復習でも間違えるものもあると思います。それは自分の中で覚えにくいものです。

なぜ最初に覚える時を含め3回も記憶して覚えているのに、何度も間違えてしまうのかというと、**イメージ化がうまくできていない**ためです。覚えるものの抽象度が高いなど色々な要因があると思いますが、再度イメージを作ってみる。意識的に覚えてみるなどの工夫が必要です。

3回目は約7日後

2回復習をして、できなかった部分を覚え直すことができたら、次は最初に覚えてから1週間以内に復習するようにしましょう。この段階になると8〜9割は覚えていると思いますが、覚えられなかったものは本当に覚えにくいものだと認識しましょう。覚えにくいものだけをノートなどにまとめても良いかもしれません。

4回目以降

最低3回の復習は必要ですが、重要度の高いものや覚えにくいものなどは3回復習しても覚えられないものもあると思います。その場合は、4回以上復習しましょう。4回目以降はどのタイミングで復習していただいても構いません。

記憶の定着に残りやすいものと残りにくいもの

勉強などで簡単に覚えられるものと何回行っても記憶に残らないものがあります。なぜ覚えやすいものと覚えにくいものがあるのでしょうか？

また覚えにくいものはどうやったら少しでも覚えやすくなるのでしょうか？

映画を一度観たらおおよそのストーリーや話の流れは覚えると思います。一方、カフェやホテルのWi-Fiパスワード、サイトのログインIDやパスワードなどはなかなか覚えられない。もしくは、覚えてもすぐに忘れてしまうと思います。この差は何かというと、映画のストーリーの方が印象に残りやすいからです。勉強でも同様で、日本史や世界史の出来事には必ず前後に話の流れや背景があります。高校の生物で習う人体の器官には様々な名前がついていますが、その器官を一つひとつ覚えるよりも、体の仕組みなどの流れを学びながら記憶すると、記憶に定着しやすくなります。

もし覚えようとしているものに話の流れや仕組みがある場合は、それを理解した上で覚えるようにしましょう。

記憶に残りにくいものはイメージしにくいもの

第8章でも紹介しましたが、多くの方が暗記に苦労するものが英単語です。それは顔と名前の記憶と同じように日本語の意味と英単語に関連性がないからです。

例えば、「decision」という英単語があります。日本語では「決断」という意味です。このまま理解しようとしてもできません。しかも、英単語ひとつ覚えて終わりではなく、大学受験では７０００個ほどの英単語を使います。関連性がないこと、膨大な数を覚えなくはいけないこと、これが皆さんが苦労する理由なのです。

覚えにくいものはどのようにして覚えるのかということは、顔と名前の部分で紹介しましたが、無理やりイメージを作ることです。

例えば「decision《デシジョン》」は普通に「決断」と覚えるのではなく、「弟子（deci）のジョン（sion）の決断」とイメージしましょう。このようにイメージを作ると非常に記憶に残りやすくなります。

覚えられないものを覚える方法

記憶ノート

覚えられないものを効率よく覚える方法のひとつに「**記憶ノート**」があります。記憶ノートとは、記憶できないものを保存するノートのことです。個人的には方眼や罫《けい》がない真っ白なノートをおすすめします。英単語や漢字、人物や化学式など色々あると思いますが、分ける必要はありません。

ノートの作り方は見開き2ページでひとつのテーマにします。左上にテーマを書きます。左側に覚えなくてはいけないものを書いていきます。英単語の場合は左図のように「英単語」という題目を書きます。そして覚えられない英単語を書いていきます。

英単語	イメージ
Candidate	街のみんなにキャンディーを配りながら演説をしている候補者
Brisk	生き生きとしている鰤をすくう
……	……
……	(イラストなど描いても良い)

右側には、そのイメージを書いていきます。絵がうまい方はイラストを描いても良いでしょう。歴史上の人物を覚えなくてはいけない時は、別の見開きに同様に作っていきましょう。覚えるものによって多少ノートの使い方を変えても構いません。

そして記憶ノートは、書いて終わりにせず**定期的に見直すことが重要です。**枕元に置いて寝る前に見返しても良いですし、トイレに置いてトイレの際に覚える、鞄《かばん》の中に入れて電車の中や空き時間に見直すなどしても良いでしょう。

復習の際は、左側のページで「英単語→日本語の意味」、右側のページで「イメージ→日本語の意味→英単語」という流れで復習を行いましょう。

この記憶ノートがなぜ有効かというと自分の苦手なものを集約し、効率よくアウトプットできるからです。苦手なものだけを復習することは辛いですが、力を伸ばすチャンスでもあります。できるようになった自分の姿をイメージして取り組みましょう。

マッピング

次に紹介する技術が**「マッピング」**です。紙1枚に覚えるものを**地図化（マップ化）**することにより、思考を整理する方法です。マッピングの目的は、自分の覚えたいものに関連するものを階層構造にすることでうまく整理でき、記憶に残りやすくなることとです。マッピングは「マインドマップ」「メモリーツリー」などと呼ばれるものに似ています。
まず、メインとするテーマをひとつ真ん中に書きます。次にそれに関するキーワードや覚えておかなくてはならないことを真ん中のテーマから足を伸ばすような形で書いていきます。そして、それに付随する内容をさらに分岐させて書いていきます。

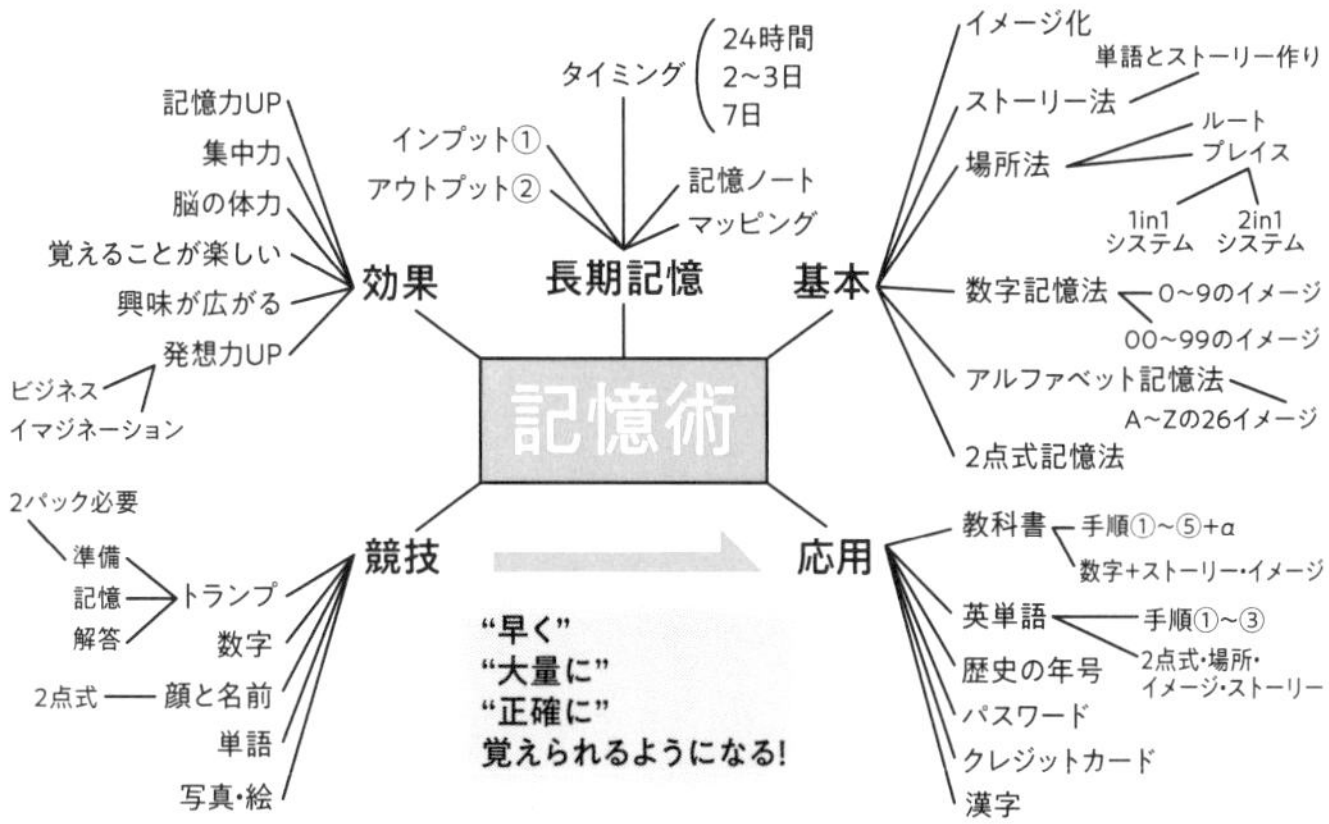

大切なことはこれを一度書いて終わりではなく、**何度もくり返し記入する**ことが重要です。そして単純作業にならないように常に考えながら、短時間で簡潔に書くことを意識しましょう。何度も書いているうちに洗練されてきて、マップを描くことがどんどんうまくなり、必要最低限のマップになっていきます。またマップを何度も描いているうちに関連性が強くなり、記憶に残りやすくなります。さらに何度も描くうちにマップの上側には「長期記憶化について描いてあり、それが4つに分岐していた」と位置関係から自然と覚えてしまいます。

先ほど紹介した記憶ノートにもマップを描いておき、そこに追記していくという方法を取るとさらに記憶が強固になります。

マッピングに正解はないので、自分が理解しやすいマップを描くことが大切です。

マッピングは何度も描いて記憶を強固にするだけでなく、板書やプレゼンテーションにも有効です。真ん中に話のメインテーマを描き、その中での話を分岐させて描くことで聞き手は今どこの部分に関する話をしているのか理解しやすくなります。ビジネスパーソンはプレゼンテーションソフトを購入してみるのも良いでしょう。

長期記憶化のまとめ

- 長期記憶化するためには復習作業が必要不可欠
- 復習するタイミングは1回目は24時間以内、2回目は2～3日後、3回目は約7日後、4回目以降は自由
- 覚えられないものは「記憶ノート」や「マッピング」で覚える

第11章

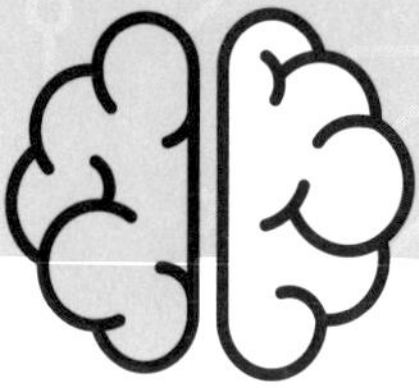

記憶力を高めると様々な能力がUPする

記憶術の効果

読解力と文章力

第9章の教科書記憶法の末尾でも記しましたが、私の経営するＢＳＡの学生が教科書記憶法を何度も練習したことによって、国語の文章問題の要点を掴むことがうまくなり、読解力が向上しました。また、多くの文章を読むことで文章の起承転結の流れを学び、作文コンクールでは賞を取るまでになりました。このように記憶術を学ぶことで副次的に他の能力も高まることがわかってきました。

脳の体力

私はメモリースポーツをやっていて、当たり前ですが、様々なものを早く正確に大量に記憶できるようになりました。普段、膨大な量のトランプや数字の並び、単語などを記憶する訓練をしているので、脳に負荷をかける癖がついています。まさに脳がマッチョな状態ですね。脳の体力がついているという表現をしても良いでしょう。

皆さんの中には学生時代、定期試験前は2時間勉強しただけですごく頭が重い感覚に襲われた方もいるかもしれません。しかし、受験勉強を始めると1日2時間以上勉強することは当たり前で、6時間や10時間勉強していた方もいるのではないでしょうか？　そのような状態になると、2時間程度なら全く脳が重い感覚で苦しむこともなくなったのではないでしょうか？

少し話は逸《そ》れましたが、メモリースポーツで負荷の高いトレーニングを行っていると1日で100個の英単語を覚えることは朝飯前です。これは私だけではなく、BSAに通っている学生達も同様で、体には現れませんが脳がマッチョになるのです。

集中力

メモリースポーツは大会によって記憶時間が異なりますが、一番短い大会で1分、一番長い大会では1時間記憶し続けます。そのため、長時間集中することが求められます。ある小学生のメモリーアスリートは、大会の競技前に読書をしていました。そろそろ競技が始まるから本をしまうように声をかけても、全く顔を上げません。肩を叩いてようやく自分が声をかけられていることに気づいて、びっくりしていた様子が印象的でした。私自身もメモリースポーツを始めてから集中力が非常に高まり、長時間集中して仕事や勉強することができるようになったと実感しています。

語学力

メモリースポーツの大会は外国人選手が参加する大会も多く、大会によってはアナウンスや会話は全て英語のことも多いです。そのため、他の選手とコミュニケーションを取るためには自分の気持ちを伝えたり、簡単な会話程度の英語ができないと苦労します。また国際大会までいくと大会で会う顔ぶれは毎回似てきます。何度も会うと仲良くなり、一緒に食事に行ったり、試合のあと観光したりする場合もあります。その時にコミュニケーションが取れないと苦労します。メモリーアスリートの中には「外国人選手と仲良くなりたい」「話ができるようになりたい」という気持ちをモチベーションに英語を真剣に勉強する選手も少なくありません。

このように、メモリースポーツを含め記憶術をある程度身につけると、様々なところに良い影響があります。しかし、場合によってはそれが悪く出てしまうこともあります。

BSAに通う大学生が大学の試験勉強で、試験前日の夜11時くらいから勉強を始め、13回分の講義内容を教科書記憶法で3時間ほどで暗記してしまい、成績は最高ランクのSだったそうです。これは大量の情報を短時間で覚えられることができ、勉強しなくても一夜漬けでほとんど満点が取れてしまう、スポーツで言うドーピングのような方法なので、真剣に勉強をしなくなるというデメリットがあります。そのようになってしまうのは少し考えものです。
本書を読んだ皆さんは、様々な記憶術を高いレベルで行えるようになってもちゃんと試験勉強をしてほしいと思います。

記憶術の効果のまとめ

- 記憶術の効果は「読解力や文章力、集中力や語学力の向上」「脳が鍛えられる」
- 記憶術を身につけても勉強は必ずする

おまけ

おすすめの
記憶力UP法
「トランプ記憶」

トランプ記憶

皆さんはトランプ記憶を知っていますか？

トランプ記憶とは、ジョーカーを除くトランプ52枚をシャッフルし、その順番を正確に覚えるという競技です。スピードカードと呼ぶこともあります。ちなみにメモリースポーツの花形競技です。

トランプ記憶と聞くと「なんでトランプなんて覚えなきゃいけないの？」なんて思う方もいるかもしれませんが、それはゴルフをやっている人に「早朝から小さいボールなんて打って楽しいの？」、山登りが趣味の人に「山なんか登って楽しいの？」と聞くようなもので、覚えることが楽しいからやっているのです。やったことがある人にしかわかりませんが、できるようになると、全部正解する爽快感や達成感がたまりません。

それ以外にも、トランプ記憶にはメリットがたくさんあります。

メリット1　記憶力の基礎が身につく

トランプ記憶をやるだけで様々な記憶術の基礎を身につけることができます。トランプという抽象的なものからイメージに変換する力やストーリーを作る力、場所に置く技術、記憶のスピード、精度などが劇的に向上します。トランプ52枚を2分で覚えることができると、キーワードは2分間で30〜50個くらいは楽に覚えられるようになります。記憶する方法は知っていても、それを高速で正確にやるのは至難の技ですが、トランプ記憶をやっていると知らず知らずのうちにその力が養われます。

メリット2　楽しいから続けられる

トランプ記憶の一番のメリットはとにかく楽しいことです。特に冒頭でも話しましたが、52枚全てを覚えられた時の爽快感はたまりません。Twitterなどで「トランプ記憶」と検索すると、たくさんの人がトランプ記憶をやっていることがわかります。

メリット3　練習しやすい

記憶力は筋肉トレーニングと同じように、ある程度継続性を持って練習しないと低下してしまいます。記憶力のトレーニングを自分でやろうと思っても、単語を自分で準備したり表を作ったりすることは手間がかかります。しかし、トランプ記憶だったら、トランプ2セット（記憶用と解答用）があれば場所を選ばずどこでもできます。

私が会社員時代は出張先にもトランプ2セットを持って行き、毎朝ホテルで練習していました。どのような環境でも練習ができるというのも大きな魅力です。

メリット4　目標が立てやすい

数字や単語の記憶は上限がなくどこまでも青天井で量が増えていきます。しかし、トランプ記憶は52枚という制限があり、52枚を覚えることができるようになったら、あとは陸上の100m走のようにタイムを縮めるのみです。最初は52枚を覚える、次は5分で覚える。それができたら3分……というように、やればやるほどどんどんタイムが縮まっていきます。成功するたびに嬉《うれ》しさと爽快感を感じることができます。

タイムを目標にしても良いですし、トランプ記憶をやっている人の中には初心者から世界レベルの方までいるので、選手の誰かを目標にしても良いかもしれません。

メリット5　お金がかからない

トランプ2セットを買えば良いので、100円ショップで購入すれば200円（＋税）です。他のスポーツのようにスパイクやボール、防具なども不要です。

メリット6　披露する場がある。特技にもなる！

トランプ記憶は他の記憶と比べてキャッチーです。トランプを知らない人はいませんし、できるようになったら、忘年会や合コンなどで披露しても良いかもしれません。

また「Speed Cards Challenge」というトランプ記憶だけの大会が、日本では2カ月に1回ほどのペースで関東圏を中心に開催されています。そのような大会に参加しても面白いでしょう。同じ趣味を持った仲間ができるかもしれません。大会に参加するしないに関わらず、普段のトレーニングで磨いたトランプ記憶の技術をどこかで発表する機会があるというのも、トレーニングのモチベーションにもなります。

メリット7 年齢・性別・障害の有無はほとんど関係ない

これはトランプ記憶だけに限ったことではありませんが、メモリースポーツは子どもでも大人に勝つことは起きますし、女性が男性に勝つ、非健常者も手を使えて目でトランプを見ることができれば基本的に大会にも参加することが可能です。

他の競技ではこのようなことはなかなかないと思います。親子で同じ大会に参加することもできます。親子三世代で大会に参加されている方を見たことがあります。

などなど、メリットを挙げるとキリがありません。今回は本書の例題から練習問題まで全て終わってしまった方のために、そのあとも記憶力トレーニングを続けられるように、そのトランプ記憶の始め方についてご紹介します。

〈用意するもの〉

- **トランプ2パック**
- **タイマー（時間を計測したい方）**

トランプは１００円ショップに売っているもので構いません。トランプの種類が選べる場合は、２つのトランプが混ざってしまってもすぐわかるように、赤と青など別の色のトランプを購入することをおすすめします。記憶する時間を測りたい方は、キッチンタイマーやストップウォッチなどを用意してください。

使用する記憶術

トランプの順番を覚える時に、トランプの色と数字（ハートの1など）を覚える必要がありますが、そのまま覚えるわけではありません。数字記憶法やアルファベット記憶法と同じように、具体的なイメージに置き換えて記憶しています。数字記憶法は10個、アルファベット記憶法は26個のイメージがありましたが、トランプは４つのマーク×13個の数字の52個分のイメージを記憶する必要があります。アルファベット記憶法の倍の数を覚える必要があるので少し大変ですが、慣れると当たり前のようにできるようになります。

次のページに変換表をイラストつきで掲載します。

6 （む・ろ）	5 （こ・ご）	4 （し）	3 （さ・み）	2 （に）	1 （い）	
 ハム	 はごいた	 はし	 はさみ	 はにわ	 灰皿	ハート（は）
 ダム	 団子	 だし巻き たまご	 ダンサー	 ダニ	 たい焼き	ダイヤ（た・だ）
 スロット	 スコップ	 寿司	 炭火	 スニーカー	 すいか	スペード（す）
 黒豆	 くろごま	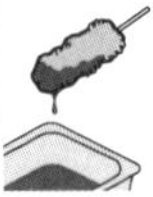 くしかつ	 草	 国 （国旗）	 クイズ	クローバー（く）

13 （き・ぎ）	12 （きゅ）	11 （り）	10 （と・じ）	9 （く）	8 （は・や）	7 （な）
 おはぎ	 白球	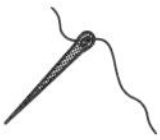 針	 鳩	 白鳥	 ハヤシライス	 花火
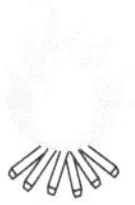 たきび	 卓球	 ダリア	 タジン鍋	 たくあん巻き	 タッパー	 棚
 スキー	 スキューバ	 すりばち	 ストロー	 スクーター	 スーパーボール	 砂時計
 クッキー	 肉球	 くり	 くじ	 九九	 クッパ	 くない

トランプ記憶のイメージの作り方は、「ハート（は）」「ダイヤ（た・だ）」「スペード（す）」「クローバー（く）」「1（い）」「2（に）」「3（さ・み）」「4（し）」「5（こ・ご）」「6（ろ・む）」「7（な）」「8（は・や）」「9（く）」「10（と・じ）」「11（り）」（11の右の1を伸ばすと「り」に見えるから）、「12（きゅ）」（Qはキューと読むから）、「13（き・ぎ）」（Kはキングと読むため）を組み合わせて作ります。11〜13まではかなり強引に作っています。イメージが合わない方は変更していただいて構いません。

トランプのイメージ52個の順番を覚えるには、場所法を使って覚えます。1プレイスにひとつのイメージを置く場合は52個のプレイスが必要ですが、場所法のみで記憶が可能です。おすすめは、1プレイスに2つのイメージを置く方法です。

26プレイスあれば記憶できますが、1プレイスに2つのイメージを置くため、2つのイメージの前後関係を覚えるためにストーリー法を使用します。

それでは、覚える方のトランプをよくシャッフルしましょう。いよいよトランプを覚えていきます。

トランプ52枚を記憶する方法

❶トランプを見る
❷単語に置き換える
❸イメージに変換
❹ストーリーを作る
❺プレイスに置く

という流れで記憶していきます。
それではひとつずつ見ていきましょう。

①トランプを見る

トランプを見ます（♥3・♠7）。

②単語に置き換える

♥3→はさみ・♠7→砂時計。

③イメージに変換

はさみ、砂時計のイメージ。

④ストーリーを作る

イメージでストーリーを作る。

「はさみが砂時計に切りかかる」

⑤プレイスに置く

プレイスに作ったイメージを置く。
1プレイス目がドアの時、ドアの前ではさみが砂時計に切りかかる。

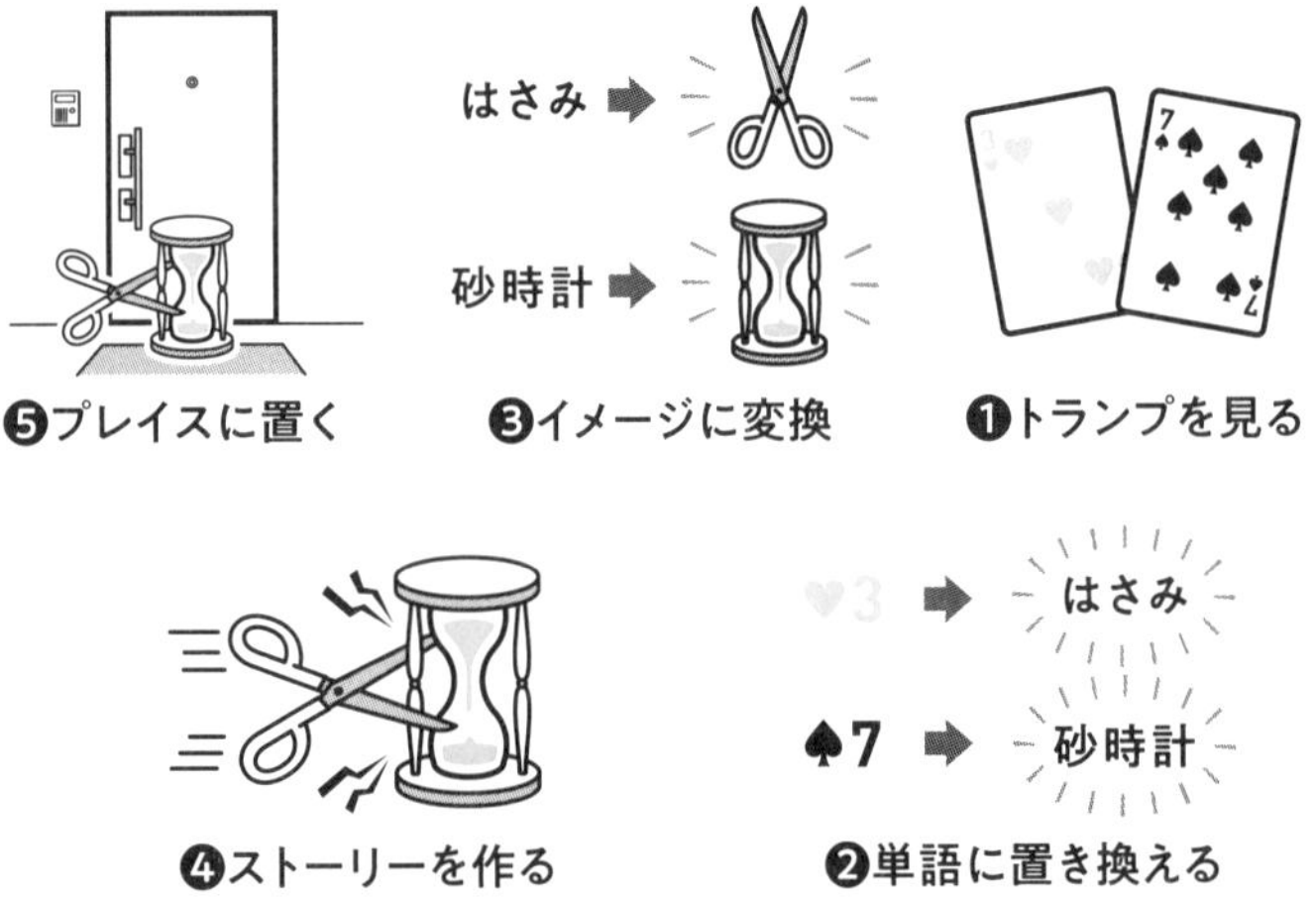

1プレイスでの記憶は終了です。

2プレイス目が玄関で次のトランプは「◆1→たい焼き・♠6→スロットマシーン」の場合は、「玄関で鯛焼きがスロットマシーンを吐き出した」という風にイメージします。

このように26回各プレイスで行えば、52枚を記憶できます。

1プレイスで5つの工程もあると、大変に感じるかもしれませんが、慣れてしまうと1プレイスあたり数秒でイメージができるようになります。最初はトランプを見て、単語やイメージを出すことに苦労すると思いますが、練習あるのみです。

いきなり52枚覚えるのは大変なので、ひとつのマーク（ハート・ダイヤ・スペード・クローバー）の13枚ずつ練習することをおすすめします。全てのマークが記憶できるようになったら、2つのマークを混ぜて26枚で練習してみましょう。マークが変わると難しく感じると思いますが、やっていると少しずつ自分がレベルアップしていることを感じると思います。26枚の次は39枚、そして最終的に52枚覚えられるようになることを目指しましょう。

もし一気に13枚増やすことが大変だったら、少しずつ枚数を増やして挑戦してみてください。始めはトランプのイメージ変換表を見ながらやっても構いません。

記憶した順番をもう1パックのトランプで再現する

記憶したトランプとは別のパックのトランプで先ほど覚えたトランプと同じ順番に並べていきます。

❶もう1組のトランプを取り出す
❷手元に横並びに広げる
❸脳内でひとつ目のプレイスを想像し、置いたイメージのトランプを選ぶ
❹残ったトランプから空いているプレイスに当てはめていく

という流れで解答していきます。

①もう1組のトランプを取り出す

覚えたトランプとは別のトランプ1組を取り出しましょう。解答用のトランプの順番は自由に並べて良いので、自分の探しやすい順番に並べておきましょう。

②手元に横並びに広げる

色々な解答方法がありますが、全てのカードを横に並べて解答するスタイルが一番早くておすすめです。

③脳内でひとつ目のプレイスを想像し、置いたイメージのトランプを選ぶ

1プレイス目から何のカードがあったか想像してみましょう。記憶の大会では制限時間が5分と短いので、わからないところは飛ばし、わかるところからどんどん答えを作っていきましょう。

④残ったトランプから空いているプレイスに当てはめていく

全てのプレイスで綺麗に全て思い出せることは稀だと思います。

その時は残ったトランプを端から確認をして、どこに入るか考えてみましょう。

最終的に記憶したトランプと同じ順番でトランプ1組の束ができていれば完成です。

トランプ記憶のまとめ

- 記憶力の基礎が身につく
- トランプ52枚を記憶する方法は「トランプを見る→単語に置き換える→イメージに変換→ストーリーを作る→プレイスに置く」
- 記憶した順番をもう1パックのトランプで再現し、アウトプットする

おわりに

今回、様々な記憶術を紹介してきました。ここまで読んでくださった方は基本的な記憶術の仕組みを理解していただき、基礎的な力も養っていただけたと思います。

各章の例題を読み、練習問題にチャレンジしてはみたけど、うまくいった方、あまりうまくできなかった方など色々だと思います。

皆さんは、プロのサッカーや野球選手のプレーを見て、すごいと感じたことはありませんか？　もしくはピアニスト、バイオリニストの演奏を聴いて感動したことはありませんか？　誰しもその道のトップの姿を見て感動した経験があると思います。記憶術もスポーツや音楽と全く同じで、初めからうまくできる人は存在しません。ピアノを始めて、すぐにプロのピアニストのように演奏できる人はいませんよね？

それと同じで、始めは完璧を求めず、少しずつコツコツと練習してみてください。まだ完璧にできなくても、自分ができるようになる姿を想像するとワクワクしませんか？　そのワクワクする気持ちを忘れないでいただきたいと思います。

私が記憶術を始めて一番効率よく記憶術を鍛える方法は、メモリースポーツをやることだと感じています。

資格試験や学校の勉強に役立てるためだけに記憶術を学びトレーニングをしていても、何のために記憶術を練習しているのかわからなくなり、「これなら力技でもなんでも良いから、無理やりにでも暗記した方が早い」という発想になってしまいます。

メモリースポーツをやると、勉強などで覚えなくてはならない量の何倍・何十倍もの記憶量が必要になり、「相対的に勉強で必要な記憶量が少なく感じるようになる」「競技で勝つにはどのようにしたら、もっと効率よく早く正確に覚えられるようになるか？」ということを徹底的に考え練習することで、ベースとなる基礎力が大幅にアップします。

大会などに出ると一緒に戦う仲間などもできて、お互いが切磋琢磨して技術を磨くようになります。また、新たな記憶術などを教え合ったりします。そして大会に出場し、自分の成績が上がると嬉しく、記憶することに自信を持てるようになります。

そうなると、色々なものを覚えることに挑戦したくなったり、覚えること自体が楽しくなるという正のスパイラルに入ることができます。

私の経営するＢＳＡの YouTube チャンネルでは、記憶術を知らない方々のために練習すれば誰でも様々なものを覚えられるようになるということをお見せするために、楽しく色々なゲームをしたり、数字を覚えたり、単語を暗記したり、円周率でカルタをやっている動画などを上げています。

また、記憶術を気軽に学べるように様々な記憶術を無料で公開しています。これは「一人でも多くの方に記憶術の存在を知ってもらい、暗記が苦しいことから楽しいことに変わってほしい」という思いで作成し公開しています。そして私たち自身、何をどこまで記憶できるのかということを純粋に楽しみながら挑戦をしています。

本書を読んで基本的な記憶術を身につけてもっと高いレベルの記憶に挑戦してみたいという方は、メモリースポーツを始めてみることを強くおすすめします。

本書をお読みの皆さんの生活が豊かで幸せになることを祈っています。

２０２０年7月　青木　健

【著者紹介】

青木　健（あおき・たけるる）

株式会社メモアカ代表取締役 CEO
日本メモリースポーツ協会会長

東京大学大学院総合文化研究科広域科学専攻修了。記憶力日本チャンピオン。世界記憶力グランドマスター。大学4年時に記憶力日本選手権大会で優勝し、日本チャンピオンに。その後、様々な国際大会で好成績を収める。大学卒業後、株式会社福音館書店を経て、現職。株式会社メモアカでは、記憶術のオンライン学習サービス・メモアカをはじめ、記憶のサービスを提供している。著書に『記憶力日本チャンピオンの超効率 すごい記憶術』『東大式 頭の回転が100倍速くなるドリル』（総合法令出版）、『記憶王が伝授する 場所法 英単語』（三省堂）などがある。

X（旧 Twitter）@takeru_aoki
YouTube チャンネル　https://www.youtube.com/@memoaca

記憶力日本チャンピオンの
超効率　すごい記憶術

2020年7月26日　初版発行
2024年1月22日　7刷発行

著　者　青木　健
発行者　野村直克
発行所　総合法令出版株式会社
〒103-0001　東京都中央区日本橋小伝馬町15-18
EDGE 小伝馬町ビル9階
電話 03-5623-5121（代）

印刷・製本　中央精版印刷株式会社

落丁・乱丁本はお取替えいたします。

ISBN 978-4-86280-753-3
総合法令出版ホームページ　http://www.horei.com/